从这里走近

❸ 晋楚争霸(下)

刘 涌 著

中国纺织出版社有限公司

图书在版编目（CIP）数据

从这里走近春秋.③，晋楚争霸.下/刘涌著.--北京：中国纺织出版社有限公司，2022.11
ISBN 978-7-5180-9774-6

Ⅰ.①从… Ⅱ.①刘… Ⅲ.①中国历史—春秋时代—通俗读物 Ⅳ.①K225.09

中国版本图书馆CIP数据核字（2022）第147573号

责任编辑：张 宏　责任校对：高 涵　责任印制：储志伟

中国纺织出版社有限公司出版发行
地址：北京市朝阳区百子湾东里A407号楼　邮政编码：100124
销售电话：010—67004422　传真：010—87155801
http://www.c-textilep.com
中国纺织出版社天猫旗舰店
官方微博 http://weibo.com/2119887771
鸿博睿特（天津）印刷科技有限公司印刷　各地新华书店经销
2022年11月第1版第1次印刷
开本：710×1000　1/16　印张：14.25
字数：160千字　定价：158.00元（全四册）

凡购本书，如有缺页、倒页、脱页，由本社图书营销中心调换

目录

① 辅氏之战——晋国霸业的新起点 / 001
② 鞌之战——晋、齐两国的第一次大规模交战 / 006
③ 一代妖姬——夏姬的传奇人生 / 022
④ 神之一手——乱世棋局中的惊鸿 / 033
⑤ 赵氏孤儿——赵氏一族的宿命 / 036
⑥ 独一无二——晋景公之死 / 046
⑦ 第一次弭兵会盟——各怀鬼胎的和谈 / 050
⑧ 麻隧之战——三强服晋的最后一战 / 054
⑨ 子臧让国——春秋时代的圣人精神 / 057
⑩ 鄢陵之战——晋楚第三次大规模会战 / 060
⑪ 三郤之乱——晋国六卿制度的弊病 / 078
⑫ 晋厉公之死——纵虎归山的后患 / 089
⑬ 天纵奇才——晋悼公力挽狂澜 / 094
⑭ 晋国复霸——年少之主征战中原 / 100
⑮ 鸡泽会盟——晋楚争霸的新时期 / 106
⑯ 魏绛和戎——礼崩乐坏的又一个征兆 / 112
⑰ 三驾疲楚——晋楚争霸结束的前兆 / 119
⑱ 偪阳之战——起因纷繁复杂的战争 / 132

- ⑲ 夹缝求生——郑国的神级外交 / 136
- ⑳ 变故迭起——又一个多事之秋 / 143
- ㉑ 湛阪之战——晋楚争霸的谢幕战 / 152
- ㉒ 平阴之战——和平的前夜 / 156
- ㉓ 二次弭兵会盟——时代的选择 / 169
- ㉔ 晋楚争霸尾声——秉笔直书的华夏风骨 / 174

附录 / 179

附录1　解张考证 / 180

附录2　"三周华不注"之考证 / 180

附录3　棋盘型军事地理格局 / 182

附录4　申公巫臣入吴时间考证 / 184

附录5　文学作品中的"赵氏孤儿" / 185

附录6　《绝秦文》 / 199

附录7　司马子反之死的另一种说辞 / 203

附录8　郤氏家族兴衰史 / 205

附录9　鸡泽会盟中的一件小事——举贤不避亲仇 / 207

附录10　孔子身世考证 / 210

附录11　《左传》中吴楚战争摘要 / 213

附录12　栾盈之乱 / 217

01 辅氏之战
——晋国霸业的新起点

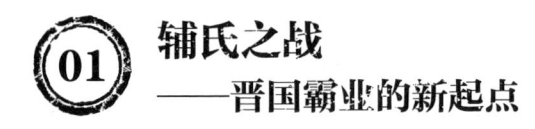

公元前594年五月，正是楚庄王的霸业鼎盛之际，此时楚国与齐、秦两国关系密切，他又将中原的陈国、蔡国、郑国、宋国纳入楚国联盟之中。

相比之下，晋国则有些落魄，他们前有赵盾专权，后有邲之战失败，晋文公打造的霸业一落千丈。如今晋景公在位，他既想恢复晋国的霸业，又不愿与楚国正面交锋。他一直在寻找机会，摆脱眼前的困境。

同年六月，北方的潞子国发生内乱。这件事刚好为晋景公重振晋国的威信提供了契机。

潞子国是赤狄部落中最强大的分支潞氏所创立的国家。晋国与赤狄部落常年处于杂居状态，彼此间的冲突和交融从未间断。

当年赵盾弑君后，扶立晋成公即位。晋成公为了安定赤狄部落，将女儿伯姬嫁给了潞子国国君潞子婴，晋成公通过和亲的方式，换取了赤狄部落的安宁。

好景不长，不久后，周文王的后代酆舒担任了潞子国国相一职。酆舒执政期间，主张与其他戎狄部落联盟对抗中原诸侯。

由于立场不同，酆舒反对潞子国与晋国交好，为此他逼迫国君潞子婴与晋国绝交。潞子婴不肯妥协，酆舒便发动政变，杀死晋景公的姐姐伯姬，同时打伤了潞子婴的眼睛。

潞子婴身为一国之君，受此奇耻大辱，却无能为力，他只好派人向晋国求援。

晋景公听说姐姐被杀，不由得勃然大怒，当即打算攻打潞子国。可晋国群臣纷纷反对，正在此时，晋国大夫伯宗出面，力挺晋景公。伯宗说，酆舒杀了晋国公主，又打伤潞子婴的眼睛，我们不能袖手旁观。出兵攻打潞子国，可以将酆舒这个隐患消除。同时，晋国可以借助平定潞子国之事，震慑其他赤狄部落，这对安定晋国周边环境有利无害。

伯宗的这番话，说到了晋景公的心坎上，晋景公不再犹豫，点将荀林父率军出征。

同年六月十八日，晋军在曲梁❶击败潞子国的守军，荀林父乘胜追击，六月二十六日，晋军挺进潞子国国都，将对方灭国。城破后，酆舒南下逃到相邻的卫国，卫人不敢包庇酆舒，将他羁押送往晋国，最终酆舒被晋人杀死。

在这一战中，晋国展现了强大的军事实力，他们用不到一个月的时间，将赤狄部落中最大的一股势力灭国，这件事，很有力地震慑了其他与晋国杂居的戎狄部落。

同年七月二十七日，晋景公率兵在潞子国的故地上，举行了一场盛大的观兵活动，他扶持黎国国君复国，建立了一个傀儡政权。

这是一个以狄制狄的良计，因为黎国也是赤狄的一个分支，他们曾经被潞子国灭国，与潞子国有着血海深仇。晋景公扶持黎国作为傀儡，用意可想而知。

随后，赤狄逐渐走向没落，在漫长的历史变迁中，他们慢慢融入华夏

---

❶ 今河北省邯郸市馆陶县路桥乡平堡村附近。

文明，成为中华民族的一分子。

正当晋景公率兵东进，平定赤狄之时，秦国却趁晋国西面兵力空虚，出兵伐晋。

晋景公不敢托大，他急忙抽调兵力，并立刻率军回援。可是在他刚刚抵达雒地时，战况发生了逆转，晋国大夫魏颗在辅地击败来犯秦军，并且俘虏了秦军猛将杜回。历史上将这一战称为辅氏之战。

在《左传》的记载中，辅氏之战充满了神话色彩，其中也诞生了一个著名的典故。

故事要从魏犨说起，当年魏犨违反军纪，侥幸大难不死，但也被晋文公摘掉了身上的官职，在魏犨人生的后期，他无心仕途，娶了一个名为祖姬的妾室，安度晚年。祖姬对魏犨照顾得无微不至，这令魏犨很感动，魏犨自然对祖姬恩宠有加。

后来，魏犨病重在床，他琢磨着自己与祖姬没有子嗣，一旦自己撒手人寰，祖姬将无依无靠，没有着落。

他思来想去，便把儿子魏颗和魏锜叫到病榻前吩咐说："我去世以后，你们为祖姬选择一个好人家，帮助她改嫁，而且你们还要为她准备一份丰厚的嫁妆，让她此生衣食无忧，我便死而无憾了。"

魏颗和魏锜不敢反对父亲的遗命，当场答应下来。

随着魏犨的病情越来越重，他又开始胡思乱想，此时魏犨希望死后也有个伴，于是他萌生了让祖姬殉葬的想法。在魏犨弥留之际，他再次把两个儿子叫到病榻前，吩咐他们让祖姬为自己殉葬。

没过多久，魏犨便病逝于家中。

魏颗在为父亲办葬礼时，却没有让祖姬殉葬。

魏锜忍不住询问："兄弟，父亲临终前曾有遗命，要让祖姬殉葬，你怎么不听从父命呢？"

魏颗叹气说："父亲说过很多次，要我们替祖姬找个好人家改嫁，只是在临死前头脑不清醒的时候，才说要祖姬殉葬。我自然要听他清醒时的吩咐，而不能听他的胡言乱语便把祖姬杀死。"

在辅氏之战中，魏颗与秦军主将杜回对阵沙场。杜回是西北大汉，勇猛无敌。魏颗与杜回杀得难解难分。正当此时，魏颗看见一个老人用草绳将杜回绊倒，他抓住机会，顺势将对方俘获。

秦军主将被俘，一时间军心大乱，晋军则士气大盛，一举打败来犯敌军，这才取得了辅氏之战的胜利。

当天夜里，魏颗在睡梦中，梦到了白天为他结草绳绊倒杜回的老人，老人说："我是祖姬的先人，此番前来，特地报答你将祖姬改嫁的救命之恩。"

成语典故"结草衔环"的"结草"二字，便出自辅氏之战。

在春秋时代的战争中，军队以兵车为主要作战方式，将领之间极少有近战的机会，也就极少有绊倒主将的机会。此外，《左传》的记录又偏于荒诞，所以辅氏之战的真实性，值得商榷。

总之，晋景公对辅氏之战的战果很满意，他将令狐之地作为奖赏，赐给魏颗。从此，魏颗成为令狐氏的先祖，史书上将他称为令狐文子。

一提到令狐或者西门等复姓，很多人会认为这是少数民族的姓氏，实际上并非如此。比如令狐氏源于魏颗，魏颗祖上为毕万，毕万的祖上是毕高功，而毕高功又是周文王姬昌的庶子，所以说，令狐氏源自姬姓，是华夏正统姓氏。

而西门这个姓氏,也源于春秋。当时郑国有一位大夫居住于城的西门,他的子孙便以"西门"为姓。

无论如何,晋国通过曲梁之战和辅氏之战,东平赤狄,西拒强秦,止住了衰落的颓势。不过楚国正处于强盛期,晋国南下争霸并没有必胜的把握,因此,晋景公将目光放在了东面的齐鲁大地上。

02 鞌之战
——晋、齐两国的第一次大规模交战

当年崤之战结束后,秦、楚两国走上了联手对抗晋国的道路。而晋国先君晋襄公,则拉拢鲁国来制约齐国。

历史的长河起起落落,万事没有定数。随着晋军饮恨邲水河畔,晋国需要一个强力的盟友,来对抗强盛的楚国。因此,晋景公想到了齐国,他本想与对方和平结盟,不料中间发生了戏剧性的插曲,打破了晋景公的计划。

当时晋国六卿正处于新老交替时期,中军将荀林父已经为晋国效力四十多年,从城濮之战打到曲梁之战,堪称鞠躬尽瘁。不久前,荀林父率军覆灭潞子国后,便向晋景公提交辞呈,告老还乡。可惜,荀林父在卸任后的第二年,便因病去世,人生仿佛一场旅行,可能早走也可能晚走,总归是要走的。

按照六卿晋升的规则,中军将空缺时,后面的卿士们将顺势晋升一位。于是中军佐士会成为新任中军将,郤克则成为新任中军佐。

然而,士会也是参加过城濮之战的元老,据史料推测,士会生于公元前660年前后,此时他已经是七十多岁的老人了。而郤克不仅年轻,也很有能力,更重要的是,郤克出身于晋国的贵族郤氏,他的父亲郤缺也曾官拜中军将。

郤克的身世、背景、能力,在晋国数一数二。士会年迈,他也有意放权,于是郤克顺理成章地成为晋国群臣中最重要的人物。

02 鞌之战——晋、齐两国的第一次大规模交战

公元前592年,晋景公为了表示对齐国的重视,决定派一位重臣出使齐国,中军将士会年事已高,不方便长途跋涉,郤克责无旁贷,接受了出使齐国的任务。他此行东去,主要有两个目的,一是与齐国交好,二是在齐国召集各路诸侯,举行会盟,重新树立晋国的威信。

郤克在前往齐国的途中,恰好碰见鲁国使臣季文子和卫国使臣孙良夫两人。

季文子出身于鲁国的三桓之族,他在与东门襄仲的斗争中逐渐占据上风。正是季文子的出现,后世的三桓之族,才成为凌驾于国君之上的豪强家族。

而孙良夫身上有着卫武公的血脉,他是孙姓的始祖之一。他从政多年,此时正是卫国的两朝元老,地位尊崇。

三人相遇后,结伴而行,前往齐国朝堂上参拜国君齐顷公。说来也巧,这三人身上,都有一些小缺陷。

春秋时代的官员,极少有文武之分,当时的贵族阶级接受的教育体系是君子六艺,即礼、乐、射、御、书、数。这个教育体系培养出来的人,通常文武双全。因此,当时的统治阶级中,流行出将入相的执政方式,即出征时为武将,统兵打仗,回国时为国相,治理民生。

季文子和孙良夫都曾上阵杀过敌,所谓刀兵无眼,二人难免会受伤。季文子腿脚不好,走路一瘸一拐。孙良夫则一只眼睛受过伤,如今已是独眼。郤克天生驼背,而且走起路来有些跛脚。

这十余年来,楚国崛起,晋国衰落,齐顷公逐渐倒向了楚国,尤其是邲之战结束后,齐顷公曾出兵攻打晋国的盟友莒国,此时,齐顷公并没有重视晋国。

而且齐顷公玩世不恭,没有半点人文情怀,他见郤克、季文子、孙良

夫三人身有残疾，便以貌取人，对这三人心生轻视。

退朝后，齐顷公觉得今天发生的事情很有意思，他就将事情转述给母亲萧同叔子❶。

萧同叔子听完很感兴趣，她想见识一番。齐顷公做事欠缺分寸感，他为了让母亲看到郤克三人的丑态，在心中想了一个损招。

第二天朝会时，齐顷公安排一个驼背的侍从为郤克引路，安排一个腿脚不好的侍从为季文子引路，最后安排一个独眼的侍从为孙良夫引路。

这是一场针对三人身体缺陷的安排，极具羞辱之意。偏偏此时，齐顷公的母亲正躲在屏风后偷偷观察，她看见三人的丑态，忍不住笑出声来。

郤克三人在各自国家中，都是位高权重的重臣，他们早已察觉到齐顷公的险恶用心，此时又听见屏风后传来孺人的嘲笑声，三人不禁羞愤难当。

那是一个男尊女卑的时代，被妇道人家当众嘲笑，是奇耻大辱。郤克退出齐国朝堂后发誓，此生不报此仇，不过黄河。其他二人也有此意，于是三人订立盟约，协商报仇之事。

因为这个外交事故，齐顷公以一人之力，使晋国、鲁国、卫国团结在一起。

公元前592年，郤克回国后，屡次向晋景公提出讨伐齐国。但当时秦、楚两国交好，若晋军贸然攻打齐国，会四面树敌，陷于被动。所以晋景公没有同意他的请求。

郤克执念深重，对晋景公说："大王若不想出兵，我愿意带着郤氏家

---

❶《左传》作萧同叔子。《史记·齐太公世家》作萧桐叔子，意为萧同叔之女。《公羊传》作萧同侄子。《史记·晋世家》作萧桐侄子，说是萧同叔侄娣之子的女儿。

02 鞌之战——晋、齐两国的第一次大规模交战

族的亲兵，东征齐国。"

当年晋惠公被秦军俘虏后，吕甥为了团结晋国大夫，允许晋国的士大夫组织私人武装。经过五十多年的发展，很多晋国家族都有自己的私兵。

晋景公是个有为之君，他没有被郤克的怒火影响，而是以国君之威，将郤克的请求强压下来。

郤克没能如愿以偿，心中有些魔怔，从史书的记载来看，从这一年开始，郤克一改往日的作风，他把向齐国复仇作为人生目标。

中军将士会从政多年，他这一生，极少犯错。士会看出了郤克的心魔，因此，他将儿子士燮叫到身前吩咐说："郤克一心只想攻打齐国，虽然现在被国君强压下来，但这不是长久之计。郤克心中的怒火，迟早会发泄出来。如果能发泄到齐国身上，倒也还好，如果发泄到我们晋国身上，则会很棘手。郤氏家族在晋国举足轻重，郤克一旦失控，后果不堪设想，我身为中军将，难辞其咎。因此，我决定告老还乡，让出中军将之位，一来让郤克有一个宣泄的渠道，二来可以减少我的责任。你顶替我入朝为官，应该勉力跟随朝中大臣，恭敬从事，辅佐君主。"

以个人能力而言，士会在春秋中算得上一号人物。他在河曲之战中帮助秦国击退赵盾率领的晋军，又在邲之战中提前设防，保存了晋国上军的实力。如今士会年事已高，他自知无法掌控郤克的行为，因此主动让贤，展现了他老练的政治手腕。

《国语》中记载了一件关于士会教育儿子的小事，也能展现他这个成熟政治人物的风采。

有一天，儿子士燮从朝堂上归来。士会问他："今天你为什么回来这么晚？"

士燮回答说:"今天来了一位秦国的使臣,他在朝堂上打哑谜,大夫们无人能答,我却一连答出三题。"

士会不喜反怒,训斥儿子说:"大夫们不回答,是他们对朝中元老重臣的谦让,你一个小孩子,却在朝堂上三次抢先说话,我去世后,如果让你持家,以你锋芒毕露的风格,我们家族维持不了几天,便会遭到打击。"

从这件小事上可以看出,士会行事滴水不漏,为人分寸感非常强,是一名优秀的政治人物。

随着士会的退位让贤,郤克成为晋国一人之下、万人之上的新任中军将。晋景公再也压不住郤克复仇的欲望,于是在第二年春天,也就是公元前591年,晋景公亲自率领晋军出征,同时,他们联合卫国,共同讨伐齐国。

联军抵达阳谷❶时,齐顷公亲自拜见晋景公和谈,最终齐顷公派自己的儿子公子强前往晋国为人质,以换取晋军退兵。

鲁国的季文子作为受辱人之一,看到晋、卫两国伐齐,也萌生了报复齐国的念头,同年夏天,鲁国派使臣前往楚国借兵伐齐。

然而此时,一代雄主楚庄王却突然病重,鲁国使臣借兵不成,无功而返。鲁国向楚国借兵,并不是一个高明的计谋。可是这件事的背后,能够牵涉出鲁国内斗的阵营局势。

早在晋襄公时代,鲁国在东门襄仲的主导下,走上了联晋制齐的道路。由于东门襄仲权倾朝野,引起了三桓之族的不满,后来东门襄仲弑杀鲁国继承人,扶立鲁宣公即位,更加激化了他与三桓之族的矛盾。当时,

---

❶ 今山东省聊城市阳谷县附近。

02 鞌之战——晋、齐两国的第一次大规模交战

东门襄仲与鲁宣公谋划，他们二人准备借晋国之力，驱逐三桓之族，因此三桓之族与晋国的关系并不和谐。

随着楚国的崛起，晋国霸业不可避免地衰落，三桓之族找到了契机，他们积极联络楚国，以对抗东门襄仲。

正是在这种背景下，鲁国才会前往楚国借兵。

可惜三桓之族高估了鲁国在楚庄王心中地地位。楚庄王与他爷爷楚成王不同，相比于鲁国，楚庄王更重视齐国，即使他没有病重，也不会出兵帮助鲁国。

公元前591年，又是一个多事之秋，楚国拒绝出兵的一个月后，七月初七，楚庄王病逝于郢都，结束了他跌宕起伏的一生。

随着楚庄王的去世，晋楚争霸则进入新的阶段。

在鲁国向楚国借兵后不久，他们听到传闻，齐国将率领楚军前来攻打鲁国，此时，鲁国内的三桓之族终于意识到形势严峻，他们抛弃政治成见，连忙派人前往晋国结盟。

巧合的是，同年冬天，鲁宣公也去世了。季文子趁机驱逐了东门襄仲及其族人，为三桓之族与晋国的结盟扫除了最后的障碍。

第二年夏天，季文子派臧宣叔前往赤棘❶与晋国结盟，从此三桓之族也走上了联晋的外交路线。不久后，鲁国便开始积极备战。

臧宣叔曾前往军中动员说："齐国与楚国友好，而我们最近与晋国结盟。眼下晋、楚两国正在争夺盟主之位，齐国一定会出兵攻打我们。虽然晋国攻打齐国会减轻我们的压力，但楚国不会袖手旁观，他们必然会出兵

---

❶ 晋地名，今地不详。

北上，这将是一场混战，所以现在我们要做好对抗齐、楚联军的准备。"

臧宣叔身为局内人，也已经察觉到。晋、楚争霸将从郑、宋两国转移到齐、鲁两国。

果然，公元前589年春天，齐顷公率兵攻打鲁国的北部边境，兵困龙邑❶，令他没有想到的是，这次军事行动，将引发一场大规模的混战。

担任齐军攻打龙邑的将领，名为庐蒲就魁，此人是齐顷公的宠臣。一般来说，用"宠臣"二字来形容一位官员，那么他的能力令人担忧。庐蒲就魁"不负众望"，在齐军攻城时，被龙邑守军俘虏。

齐顷公当时便急了，连忙派使臣入城和谈，使臣传话说，只要不杀庐蒲就魁，齐国愿意与鲁国订立盟约，就此撤兵。

龙邑守军没理齐顷公的哀求，他们手起刀落，将庐蒲就魁斩杀，并把他的尸体陈列在城头之上。

齐顷公痛失宠臣，震怒不已，他冲到战鼓前，亲自击鼓攻城。齐军见状，不由得士气大振，他们前仆后继爬上城墙，在三天内攻破龙邑城墙。齐顷公余恨未消，又率军继续南下，向鲁国腹地进攻。

卫国得知军情后，他们派孙良夫、石稷❷等人率军援救齐国。

卫军在行军途中，遭遇了齐军的阻击。石稷很清醒，也很务实，他知道仅凭卫军之力，难以对抗齐军，因此石稷心中萌生了撤兵的想法。

孙良夫因为被齐顷公羞辱过，所以坚决不同意撤兵。孙良夫说："既然与敌军相遇，不如痛快地战一场，若不战而退，有何颜面回去复命？"

---

❶ 今山东省泰安市西南。
❷ 杜预在《春秋经传集解》中注解，石稷是石碏的四世孙。

02 鞌之战——晋、齐两国的第一次大规模交战

石稷很无奈,毕竟官大一级压死人,他只能听从孙良夫的命令,率军作战。

关于这一战的过程,史书中有缺失,但结合前后文可以推断出,卫军败北。❶

卫军战败以后,孙良夫也心生退意,石稷又劝他说:"虽然卫军战败,但还没溃败,我们必须坚持下去,等待援兵的到来。如果现在撤兵,一旦齐军衔尾追击,我军会崩溃,士兵也会被对方杀光。"

孙良夫被仇恨冲昏了头,已经酿成大错,他无言以对,不知道怎么回答。

石稷又说:"您是卫国的卿士,地位尊崇,如果您被敌军俘虏或者战死沙场,会有辱卫国的尊严,不如这样,您先撤,我在这里抵抗。"

孙良夫被说得羞愧难当,他也不愿意独自逃命。随后石稷向全军通告说,大批援军即将到来。

齐军听到消息,不敢深入追击卫军,他们驻扎在鞫居❷观察敌情。

幸好此时,卫国新筑❸的大夫仲叔于奚率援军赶来,孙良夫等人这才死里逃生,捡回一条性命。

孙良夫不仅没能报齐顷公羞辱之仇,还差点因为他的一意孤行,葬送了卫军将士性命。孙良夫心有不甘,卫军回国后,他甚至没有迈入卫国的国都城门,便连夜跑到晋国求援。

在他前往晋国的同时,鲁国的臧宣叔也千里迢迢前来求援。郤克将两

---

❶ 《左传·成公二年》:"夏,有……"此处原文阙脱,所缺或为叙述新筑战事。
❷ 鞫居,古地名,不知其详,有人推测此地位于河南省封丘市附近。鞫居应在卫国境内,齐军追击至此安营扎寨。
❸ 新筑,今河北省邯郸市魏县附近。

人一同安排在府中住下，三人重逢，不由得回想起三年前在齐国受辱的往事。郤克压抑不住复仇的怒火，又一次向晋景公请命，出兵攻打齐国。

这一年是公元前589年，距离楚庄王去世已有两年，晋景公也觉得这是伐齐的好时机，于是他同意了郤克的请求，并给郤克七百兵车的兵力，东征齐国。

郤克为确保万无一失，又向国君多要了一些兵力。郤克说："大王，您给我的七百兵车，等同于城濮之战时晋军的兵力，那时候我们晋军有英明神武的先君文公坐镇，还有先轸等文公五贤臣尽心辅佐，才取得了胜利。我郤克才疏学浅，与他们相比，天差地别，您需要给我八百乘兵车。"

晋景公同意了。

时隔三年，郤克终于如愿以偿，他率领八百兵车浩浩荡荡杀向齐国，开始了复仇之战。晋国君臣也想通过这一战，扭转晋国在争霸中的被动局面，所以上军佐士燮、下军将栾书以及三军司马韩厥也随郤克一同出征。

郤克吸取了邲之战中晋军内部不和的教训，在这一战中，他很重视团结问题。在晋军东进的途中，曾有一位将领触犯军法，韩厥身为司马，掌管军纪军法，他准备按军法处置，将对方斩杀。

郤克收到消息后，担心如此处置会影响军队的团结，于是他急忙赶去，想要救下那名将领，可惜慢了一步，等他赶到时，那人已经身首异处。

郤克没能救下人，施恩的计划落空，他思量片刻，又下令将被杀的人示众。郤克之所以这样做，是为了团结韩厥。当时郤克明确地对随从表达了这层意思，他说，我是为了分担军中将士们对韩厥的诋毁诽谤。❶

---

❶ 《左传·成公二年》："吾以分谤也。"

02 鞌之战——晋、齐两国的第一次大规模交战

齐军得知晋军大举来袭，他们收缩战线，向国内撤兵。晋、鲁、卫三国联军，在莘地追上齐军以后，❶两军并没有交战，齐军步步撤退，晋国联军紧追不舍，六月十六日，联军抵达靡笄附近❷，靡笄距离齐国都城临淄仅两百多里，更重要的是，这段路程一马平川，无险可守，非常利于兵车行进，齐军已经退无可退。

此时，有两条路摆在齐顷公面前，要么大战一场，要么求和结盟。齐国和其他诸侯不同，他们有放手一搏的实力。

齐国位于东海之滨，远离中原四战之地，几十年前，齐桓公率先称霸中原，此时虽然霸业不再，但对比郑、宋、鲁、卫这些诸侯国，齐国的实力无疑要略胜一筹。晋楚争霸这些年，齐国几乎没有外忧，不久前，齐军两线作战，对抗鲁、卫两国而不落下风，实力可见一斑。所以，公元前589年，齐国应该是仅次于晋国和楚国的强国。

邲之战结束后，晋国一直在衰落，郤克复仇的执念太强烈，晋军劳师远征，水土不服。而齐军是本土作战，占据了地利优势。倘若齐军取胜，晋国无疑会进一步衰落，齐国甚至有取而代之的希望。如果齐军战败，楚军将会北上援助齐国，届时，晋、楚两方很可能再战一场。如果晋、楚两败俱伤，齐国更可以坐收渔翁之利。

最终，齐顷公决定赌一把，他选择与晋军作战。齐顷公派使臣前往晋军阵前请战，使臣说："你们公然入侵齐国，我齐军虽然实力不强，但愿在明日清晨，与你们决战。"

---

❶ 莘地，今山东省聊城市莘县以北，是卫国到齐国的要道。此时，齐军应是从鞫居撤军到莘地。

❷ 今山东省济南市千佛山附近。

郤克的回答则圆滑很多，他说："晋国与鲁国、卫国同是兄弟之国，他们先后向我们求援说，齐国时常入侵他们的国土，我们大王不忍兄弟之国受辱，命我们前来请求齐国停止入侵鲁国和卫国。如果齐国能做到此事，晋军将不会在齐国逗留，如果做不到，晋军只能勇往直前，绝不退缩。"

这段回答完全站住了春秋大义，郤克并没有提到自己受辱之事，可谓滴水不漏。

齐顷公对晋军的动机心知肚明，他没有寒暄客气，而是直白地回答说："你们准备出战，正如我所愿，即使你们不愿出战，我明日也要与你们兵戎相见。"

齐顷公言辞间透露出来的自信，有些莫名其妙。

双方最终约定次日开战。随后，齐国大夫高固又进行了一场致师行动，他单骑闯关，丢石头砸向晋军将士，紧接着，他不仅擒获了一名晋军士兵，还抢了一辆晋军的兵车。高固回营后，他将桑树系在战车后面，绕着齐军阵营跑了一圈，嘴里高呼："我勇气太多用不完，胆小怯战的人，可以向我来买勇气。"❶

齐军受到他的鼓舞，顿时士气大振，他们对第二天的作战充满了信心。

第二日，即公元前589年农历六月十七日清晨，晋、齐两军在鞌地❷对阵，史称鞌之战。

---

❶ 成语"余勇可贾"便出自此处。
❷ 今山东省济南市附近。

02 鞌之战——晋、齐两国的第一次大规模交战

齐顷公亲自上阵，担任齐军主将，他的车手为邴夏，车右则是逢丑父。晋军主将自然是郤克，他的车手为解张<u>考证参见附录1</u>，车右则是郑丘缓。

齐顷公信心满满，他在战前狂傲地说："我们先灭了晋军，再吃早饭也不迟。"

说完，齐顷公便一马当先冲上前去，他的战马甚至都没来得及披上铠甲。❶

齐军士气如虹，对晋军造成了不小的冲击。郤克复仇心切，他坐镇中军，亲自敲击战鼓。可惜刀剑无眼，郤克中箭受伤，他身上的血一直流淌到鞋上，但战鼓声从未停止。❷

后来，郤克实在坚持不下去，他才和身旁的人说："我受了重伤，你们来替我敲击战鼓。"

晋军众人大多耿直，车手解张一口回绝说："刚交战的时候，我的手便被箭射穿了，一直穿到手肘这里，我折断箭杆仍坚持驾车，我的血早已把车轮染黑。您受这点伤不算什么，请您再坚持一下。"

车右郑丘缓也毫不客气地说："开战至今，只要遇到险阻，我一定下去推车，防止战车陷进泥潭中，避免咱们落入敌军的包围。您现在受伤了，干不了推车的活，请您坚持敲击战鼓吧。"

郤克并非娇生惯养，他的确难以为继，才开口让他人代替自己。

解张不依不饶，他数落郤克说："您没到伤重至死的地步，不能因此

---

❶ 《左传·成公二年》："齐侯曰：'余姑翦灭此而朝食。'不介马而驰之。"
❷ 《左传·成公二年》："郤克伤于矢，流血及履，为绝鼓音。"

耽误大事，请您努力自勉。晋军上下一直关注着我们中军的军旗和战鼓，军队进退全部听从旗鼓，这辆兵车只要有一人镇守，则大事可成。"

解张说完，并没有为难郤克，而是将驾车的缆绳缠在自己的左手上，他的右手则拽着鼓槌击鼓。郤克的兵车战鼓声声，奔腾向前，晋军见状，气势大振，他们紧紧跟随主帅的战车冲刺。

晋军不愧为霸主之师，他们的实力更胜一筹。晋军逐渐占据了优势，把齐军逼到华不注山脚下，并将其团团围住。❶

齐军败退华不注山时，晋军司马韩厥一直紧追着齐顷公的兵车，然而在鞌之战的前一天夜里，韩厥梦见父亲对他说："明日上阵杀敌，你要避开兵车左右两旁的位置。"

在一辆兵车上，主将位于最左侧，车手在最中间，方便驾车，车右自然在最右边。

韩厥梦醒后，记住了梦中父亲的嘱托，他亲自做车手，站在中间驾驭兵车。韩厥追击齐顷公时，对方的车手邴夏建议说："大王，我看敌军车手有君子之风，应该是晋国的大官，由您射杀他。"

虽然齐顷公玩世不恭，但他毕竟接受过君子六艺的熏陶，在很多方面也身具君子之风。齐顷公摇头否决说："你既然称呼他为君子，寡人绝不能射杀君子，否则不合礼数。"

说完，齐顷公张弓搭箭，射向韩厥左边之人，并一箭命中，那人中箭后摔下兵车，随后齐顷公又发一箭，射向韩厥右边之人，那人当场身亡。

韩厥一看，梦中预兆应验，他不敢大意，老老实实站在车中间驾车。

---

❶ 《左传·成公二年》："齐师败绩。逐之，三周华不注。"中华书局版注解为"齐军大败，晋军追赶齐军，绕华不注山跑了三圈"。笔者有不同意见，考证参见附录2。

02 鞌之战——晋、齐两国的第一次大规模交战

随着战事的深入,晋军逐渐将优势转化为胜势,齐顷公在逃命时,偷偷与逢丑父调换了位置。华不注山上有一口清泉,名为华泉,齐顷公的兵车逃到这里时,马蹄被灌木丛绊住,无法继续前进。

按理说,战场上时常发生兵车故障,车右通常会跳下来推车或者解决问题。刚巧逢丑父在战前受了伤,他被蛇咬过。但逢丑父并没有声张,而是带伤作战,因此无法下去推车。

在这耽搁的工夫,晋军已经逼近齐顷公,韩厥用绊马索上前,将敌军的马匹困在原地,随后他奉上一杯酒和一块美玉,递给齐顷公,并恭敬地说:"真是不巧,下臣遇到了您的兵车,所谓在其位谋其职,我不得不将您俘虏,得罪了。"

逢丑父灵机一动,他故作镇定地整理衣衫,并指着齐顷公说:"你去给寡人取点水来。"

齐顷公心领神会,立刻恭敬地回答说:"好的,大王。"

逢丑父此前与齐顷公互换位置,此刻他又摆出国君的威仪,指使齐顷公取水。韩厥没有见过齐顷公的真容,所以他很轻易地被对方蒙骗过去。韩厥错将逢丑父俘虏回晋国军营之中,并将其献给郤克。

郤克与齐顷公有不共戴天之仇,对方化成灰他都认得。郤克看见逢丑父后,顿时一愣,当即明白韩厥中了对方的计。事已至此,郤克也无可奈何,只好将逢丑父杀了泄愤。

逢丑父很聪明,他高呼说:"我愿意替国君而死,你可敢杀我?"

春秋时代的人们,非常看重君子,可是判定君子的标准,一直很模糊,不过诸侯们有一个共识,愿意为国君而死之人,都可以称为君子。

郤克听到逢丑父的呼声,幽幽地叹了一口气,他说:"这人愿意替国君

去死，杀他不祥。传我军令，将他放了吧，以鼓励忠君爱国的臣子们。"

齐顷公脱险以后，并没有逃之夭夭。相反，他为了寻找逢丑父，多次组织兵力，冲入晋军营救对方。❶

齐顷公的反扑并没能扭转战局，晋军依旧取得大胜。齐国战败后，齐顷公命人割地贿赂郤克，郤克志不在此，他只为报仇雪恨，于是郤克提了两个要求，第一，要求萧同叔子前往晋国做人质；第二，齐国境内的田垄改成东西方向的。

郤克第一个要求，旨在报萧同叔子的耻笑之仇，第二个要求却是为了晋国的霸业考虑。晋国位于山西，齐国位于山东，晋军伐齐，行军路线是自西向东。

俗话说，横拢地拉车，一步一个坎。如果齐国的田垄是南北向，那晋军入侵齐国时，兵车与横垄地拉车无疑，将会步步坎坷，不利于行军。如果齐国田垄改成东西向，则非常有利于晋军伐齐。

齐顷公的使臣听完郤克的要求，连连摇头，他回答说："这两个要求，实在是强人所难，我不能答应。萧同叔子是我们国君的母亲，让她老人家去晋国做人质，是齐国国君不孝。晋国以不孝来号令诸侯，无异于无德之辈，从此以后，诸侯们无人会信服晋国。此外，将齐国的田垄改成东西方向，只是为了晋军更好地入侵齐国。当年齐桓公和晋文公之所以能称霸诸侯，是因为他们能安抚诸侯，以遵从周王室之命。如果你们愿意安抚齐国，继续旧日的友好，那我们也不敢吝啬，将奉上齐国的国宝和土地给晋国，如果你们不愿意，那齐人恕难从命，我们只能集结残余部队，依靠

---

❶ 《左传·成公二年》："齐侯免，求丑父，三入三出。每出，齐师以帅退。"

02 鞌之战——晋、齐两国的第一次大规模交战

齐国城池,与你们决一死战。"

郤克听完齐国使臣的话,不禁有些犹豫,他在衡量是否继续攻打齐国,这时候,鲁成公与卫穆公双双前来劝说郤克。

鲁、卫两国与齐国接壤,有难言之隐。他们对郤克说:"这一战结束后,齐国一定会恨我们。如果晋国不答应齐国的请求,齐国日后将会加倍报复鲁国和卫国。此时和谈,您能得到齐国的国宝,我们能得到被齐国侵占的土地,何乐而不为?退一步说,晋国和齐国都是天命在身的大国,您也无法保证,晋国会永远胜利。"

从鲁成公和卫穆公的言辞推断,在中小诸侯国眼中,齐国与晋国是实力相近的强国。

郤克大仇得报,心中执念消散,最终他接受了鲁成公和卫穆公的建议,同意与齐国和谈。

同年七月,晋、齐两国在爰娄订立盟约❶。同时,齐国也将侵占鲁国和卫国的土地归还给对方。鲁成公和卫穆公非常高兴。鲁成公对晋军将领们大肆封赏,除了郤克、士燮、栾书、韩厥外,晋军中不被后人熟知的将领,诸如司空、舆帅、侯正、亚旅这些官职之人,也受到了封赏。

很不幸,同年九月,卫穆公去世了。郤克在回师路上,领着士燮和栾书顺道前往卫国吊唁,以示友好。

此前,齐、楚两国关系密切,如今鞌之战早已结束,却没有看到楚国出兵援助,这不合情理的背后,却有一个曲折离奇的故事,这个故事的主角,是春秋时代最具传奇色彩的女性,她的名字叫作夏姬。

---

❶ 今山东省淄博市临淄区附近。

03 一代妖姬
——夏姬的传奇人生

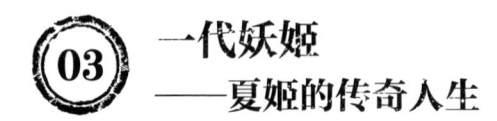

春秋中后期的主旋律是晋楚争霸，可夏姬是一个绕不开的人物，她跌宕起伏的遭遇，无意之中改变了晋楚争霸的走向，也间接推动了吴国的崛起。

《左传》提及夏姬七次，《史记》提及五次，《国语》《谷梁传》《诗经》等先秦文献中，也都有关于夏姬的记载。夏姬一生共出嫁三次，游走在八个男人之间，《列女传》评价她"杀三夫一君一子，亡一国一卿"，后世之人也将夏姬称为"一代妖姬"。❶

夏姬的出生年月日不详，她是郑穆公的少妃姚子所出，当时人们将妾室称作少妃，换言之，夏姬是郑穆公的庶女。

传说，夏姬在少女之时，与同父异母的兄长公子蛮有染。不到三年，公子蛮便莫名其妙地去世了。随后夏姬被父亲郑穆公许配给陈国的大夫夏御叔，夏姬的"夏"字由此而来。

夏御叔是陈宣公的孙子，正牌的陈国公族子弟。公元前672年，陈宣公杀死太子御寇，逼迫公子完远遁齐国，此后陈国的国君之位又相继传给陈穆公、陈共公以及陈灵公。按辈分，夏御叔也是陈灵公的堂叔。

夏姬嫁入夏府仅仅九个月，便生下一个儿子，起名夏南，后人也称为

---

❶ 由于夏姬的故事过于离奇，"杀三夫一君一子，亡一国一卿"的说法实为夸张。但关于她的记载，笔者难以考证，只能归纳整理，以飨读者。

夏徵舒。夏御叔曾对此有过怀疑，但由于夏姬实在倾国倾城，夏御叔没有深究，他依然对夏姬恩宠有加。

如此这般，这对夫妇过了十二年的平静生活，夏御叔和公子蛮一样，也莫名其妙地去世了。由于他去世之时，正值壮年，陈国的市井之间，传出不少关于夏姬的流言蜚语。

夏姬为了躲避流言，与儿子迁往夏御叔的封地株邑隐居。

花开花落年复年，夏姬依然云鬟雾鬓，秋水剪瞳，肌肤胜雪，秀色可餐。这为她招来了不少裙下之臣，其中有两个人最为出名，一人是孔宁，另一人是仪行父。

这二人都是陈国大夫，也都是夏御叔的好友。他们自从见过夏姬的美色后，便一直垂涎三尺，念念不忘。

夏御叔死后，夏姬也需要温暖和陪伴，于是她对孔宁和仪行父二人，来者不拒。

有一次，孔宁与夏姬颠鸾倒凤后，他将夏姬的锦裆偷出来，贴身穿着，并且向仪行父炫耀。仪行父看后，醋意大发，也跑去找夏姬，二人在缠绵悱恻时，仪行父说："你赐给孔宁锦裆，请你也赐给我一件东西留念。"

夏姬笑语嫣然地回答："那条锦裆并非臣妾所赠，是他偷去的。"

夏姬在仪行父耳边呵气如兰地继续说："虽是同床共枕，但也有厚薄之分，我最喜欢的人还是您呀，这样吧，我将贴身的亵衣送你吧。"

孔宁知道后，也醋意大发，他越想越生气，不愿让仪行父独得夏姬的青睐，于是孔宁心生一计。他故意在陈灵公面前盛赞夏姬的美艳。

陈灵公听罢摇头回答说："我知道这个女人，她是我堂叔的夫人，已经三十多岁了，这个年纪的女人，能有什么姿色？"

孔宁依旧不死心，他凭借自己的三寸不烂之舌，将夏姬夸得天上有地下无。陈灵公听着听着，也不免动心，于是抱着试试看的心态，决定前去一睹婶婶夏姬的风采。

夏姬提前得知陈灵公前来，便早早将自己梳洗打扮妥当，并且命人备下酒菜，宴请这位陈国最有权力的男人。

陈灵公一见夏姬，顿时拜倒在她的石榴裙下，他当晚喝得很尽兴，并在夏姬府上留宿。

一夜过后，夏姬便拿下了国君陈灵公。从此以后，陈灵公、孔宁、仪行父三人，一同成为夏姬的入幕之宾。

即便在民风开放的春秋时代，这种事情也十分荒唐。陈国大夫泄冶看不下去，前去宫中劝谏陈灵公。泄冶说，大王身为一国之君，理应勤于政事，而非沉迷于鱼水之欢。

陈灵公心中尚存一丝道德感，他回答说："我能改。"❶

随后，陈灵公将这件事告诉了孔宁和仪行父，两人请求杀掉泄冶。陈灵公并没有阻拦。孔宁和仪行父揣摩出陈灵公的心意——国君也想除掉泄冶。最终这三只禽兽将重臣杀害。❷

泄冶一死，陈国境内再无人敢管陈灵公风流荒淫之事，陈灵公、孔宁、仪行父三人公然出入株邑，毫不避讳世人的目光。三人甚至会穿着夏姬赠予的贴身衣物，在陈国朝堂上攀比取乐。

公元前599年，陈灵公、孔宁、仪行父三人在夏姬家中喝酒，酒醉正酣

---

❶《左传·宣公九年》：泄冶谏曰："公卿宣淫，民无效焉，且闻不令，君其纳之。"公曰："吾能改矣。"

❷《左传·宣公九年》："公告二子，二子请杀之，公弗禁，遂杀泄冶。"

时，陈灵公指着夏徵舒对仪行父说："夏徵舒长得像你。"

普天下的儿子都像父亲，陈灵公的言外之意，是调侃夏徵舒是仪行父的儿子。

仪行父反应很快，也很无耻，他回答说："这孩子也像国君您啊。"

此时夏徵舒早已不是小孩子，他借母亲夏姬的裙摆，年纪轻轻便成为陈国朝中重臣。很多陈国大夫对夏徵舒的飞黄腾达颇有微词，外加夏姬的私生活确实风流放荡，这对母子免不了被人戳脊梁骨。

陈灵公与仪行父的对话，实在难以入耳。他们无异于在对夏徵舒说："我们与你妈男欢女爱，又捡了你这个便宜儿子。"

更何况，按照辈分，陈灵公不过是夏徵舒的堂兄。是可忍，孰不可忍，夏徵舒终究是一个血气方刚的小伙子，他暗中背上弓箭，偷偷藏到马棚里，等陈灵公吃饱喝足，准备上马车离开时，张弓搭箭，一箭将陈灵公射死。

孔宁和仪行父大惊失色，拔腿便逃。夏徵舒穷追不舍，二人则一路南下，逃到了楚国。

陈灵公被弑杀，国不可一日无君，夏徵舒原本是陈宣公的曾孙，他身上流淌着陈侯的血脉，因此夏徵舒自立为君。而陈灵公荒淫无度，名声狼藉，陈国境内，竟然无人反对夏徵舒。

不过孔宁和仪行父逃到楚国后，却恶人先告状，二人向楚庄王痛斥夏徵舒弑君篡位，请楚庄王出兵平乱。

楚庄王不清楚个中缘由，不过城濮之战后，陈国便倒向了晋国，楚庄王也很高兴有出兵伐陈的理由。公元前598年冬天，楚庄王在伐郑之余，联合秦国一同出兵，讨伐陈国。

陈国在强大的楚军面前不堪一击，夏徵舒被活捉，并被处以车裂之刑，死于陈国国都栗门之前。

楚庄王当时本有吞并陈国的企图，并在陈国故地上设置郡县。申叔时劝谏说："大王，您因陈国内乱而率诸侯联军讨伐，这原本是正义之举，如今您想占据陈国土地，此乃不义之举，日后您何以称霸天下？"

楚庄王深受礼乐制度影响，他听完申叔时的劝谏，顿觉有理，于是楚庄王拥立陈灵公的太子为国君，即后来的陈成公。

夏徵舒死后，夏姬也被带到了楚国，这一刻，夏姬的命运发生了改变，她仿佛是春秋乱世中的蝴蝶，不经意间扇动的翅膀，却掀起了一场久久不曾平息的风暴。

有人说，夏姬不在乎儿子夏徵舒的生死，也有人说，夏姬到楚国后，一直铭记着杀子之仇，时时刻刻想要报复楚国。

至于夏姬内心究竟是什么想法，后人已经无从知晓。此时的夏姬，至少四十岁，可是她依旧美艳不可方物，引无数男人折腰。

楚庄王身为一代霸主，也有英雄难过美人关的时刻，他自从看到夏姬后，心中便老鹿乱撞，想迎娶夏姬为妾。

而楚国大夫申公巫臣，也被夏姬的美貌折服，申公巫臣不愿夏姬入宫，毕竟宫门深似海。于是申公巫臣向楚庄王劝谏说："大王，您召集诸侯讨伐陈国，师出有名，叫作伐有罪。如果您收夏姬为妾，则是贪恋她的美色。贪恋美色叫作淫，不利于楚国的霸业。"

楚庄王终究是一代霸主，他衡量了楚国霸业和夏姬两者的分量，果断选择爱江山不爱美人。

除了楚庄王外，楚国的司马子反也钟情于夏姬。这人的背景很深，值得一书。在楚庄王执政后期，他提拔自己的两个弟弟分别担任令尹和司马之职，即楚庄王、令尹子重以及司马子反这三个站在楚国权力金字塔顶尖的人，是兄弟关系。

以司马子反的身世背景，申公巫臣不可能与他抢人，他只能劝对方说，夏姬是不祥之人。她在郑国时，克死了公子蛮，嫁到陈国以后，克死了夏御叔、陈灵公和夏徵舒，又让孔宁和仪行父流亡在外，并使陈国灭亡。妲己再世也不过如此，还有比夏姬更不祥的女子吗？天下美女不计其数，您为什么一定想要得到她呢？

司马子反听后，顿觉申公巫臣言之有理，他也不敢迎娶夏姬。

讽刺的是，申公巫臣绞尽脑汁谋算，却为他人做嫁衣，最终楚庄王将夏姬嫁给了连尹襄老。

连尹襄老在《左传》中只出现过两次，一次是他迎娶夏姬，另一次则是他战死于邲之战中。

公元前598年冬季十月，楚庄王伐陈，杀夏徵舒，夏姬入楚。公元前597年六月，晋、楚两军征战邲水。由此推测，夏姬嫁给连尹襄老不足一年，对方便去世。❶

连尹襄老尸骨未寒，他的儿子黑要不仅没有替父亲收尸，反而想要与夏姬做那些难以启齿的事情。❷

申公巫臣见状，再也按捺不住抢夺夏姬的欲望，于是他派人给夏姬传信说："你先回郑国，我会迎娶你。"❸

---

❶ 《左传·宣公十一年》："冬十月，楚人杀陈夏徵舒。"
❷ 《左传·成公二年》："襄老死于邲，不获其尸，其子黑要烝焉。"
❸ 《左传·成公二年》："归，吾聘女。"

在申公巫臣的运作下，郑国以迎丧之名，请夏姬回国。楚庄王曾经询问申公巫臣，郑国迎丧之举，是否可信？

申公巫臣回答说："可信。我们在邲之战中俘虏的荀䓨，他父亲荀首既是晋成公的宠臣，又是晋国中军将荀林父的弟弟，晋国一定会用您的儿子公子縠臣和连尹襄老的尸体来换荀䓨。郑国担心他们在邲之战中得罪晋国，为了讨好晋国，郑国一定会答应晋国的要求，所以郑国请夏姬回去迎丧，不足为虑。"

楚庄王听完，便同意夏姬回郑国。夏姬在临行前，对身旁的人说，如果我得不到连尹襄老的尸首，我便不回来。

这一年，是公元前597年，夏姬回郑国后，再无音讯。

八年后，公元前589年，楚庄王已经去世两年，楚共王❶初入朝堂，晋、齐两国爆发了鞌之战，楚共王为了支援齐国，计划在那一年冬天出兵伐鲁。同时，楚共王又派申公巫臣出使齐国，将楚军北上的日期告诉对方，齐、楚两军按约定联合行动。

申公巫臣带着全家以及财物，匆匆北上而去。申叔时父子刚好前往郢都，他们在路上碰到了申公巫臣，儿子申叔跪说，申公巫臣的表情好奇怪，他既有戒备之心，又有幽会的喜悦之色，感觉像是要私奔。

---

❶ 楚共王出生时间未知，《左传·成公二年》记载："子重曰：'君弱，群臣不如先大夫，师众而后可……'"，中华书局版《左传》注解当时楚共王年仅十二三岁。笔者未见注释出处，对此存疑。同为《左传·襄公十三年》中记载，楚共王病危之际，召集群臣时曾经说："不穀不德，年少社稷，生十年而丧先君。"因此，楚共王应是公元前600年生人，十岁即位。楚共王即位之初，楚庄王存世的血亲兄弟对楚国朝政影响很大。当时，楚王年少，权臣当道，这也是楚国霸业迅速衰落的重要原因之一。

果然，申公巫臣在出使齐国的途中，改道前往郑国，他假传国君之命，迎娶夏姬。时任郑国国君郑襄公不知来龙去脉，也无从验证申公巫臣之言的真假，于是郑襄公便将夏姬嫁给了申公巫臣。

此时已经是公元前589年，夏姬年近五十岁，申公巫臣依然愿为她抛弃祖国，不知是申公巫臣痴情，还是夏姬风华绝代。

申公巫臣是夏姬最后一任丈夫，在此之前，公子蛮、夏御叔、陈灵公、夏徵舒、襄老五人先后因夏姬而死，陈国险些灭亡，孔宁和仪行父流亡他国。由此可见，夏姬不愧为一代传奇，而她的最后一任丈夫，却影响了春秋历史的走向。

申公巫臣叛楚以后，原本想逃到齐国避难，不过由于齐国在鞌之战中战败，申公巫臣说他不能住在战败国。

当时能与楚国一争高下的诸侯，唯有晋国，最终申公巫臣通过郤至，投奔晋国。申公巫臣是楚国重臣，而且以谋略闻名于世，他叛楚投晋以后，晋景公派他前往邢地做大夫，申公巫臣的后代以邢为姓氏，因此，申公巫臣也是邢姓的先祖。

申公巫臣投敌事件，影响十分严重，性质极其恶劣。

楚共王的叔叔司马子反得知申公巫臣与夏姬私奔，叛逃到晋国，这才恍然大悟，猜到了当年申公巫臣阻拦自己迎娶夏姬的心思，于是司马子反心生怨恨，他准备贿赂晋国，让对方不要重用申公巫臣。

楚共王将他拦下，劝说道："如果申公巫臣对晋国有用，你送去重礼，晋国就会不重用他吗？如果他对晋国没用，即使你不送礼，晋国也不会重用他。"

司马子反还曾建议楚共王流放申公巫臣的族人，他说："申公巫臣曾经劝谏先王不要纳妾夏姬,现在他却废弃使命,携夏姬逃亡晋国,他有欺骗先王之罪,请您将他的族人流放。"

司马子反与申公巫臣有旧仇,他的提议,难免有公报私仇的嫌疑。楚共王对申公巫臣仇怨不大,他反而能更冷静地分析事情利弊。

申公巫臣出自楚国的贵族屈氏家族,他曾经是申县县尹,因此名字前缀有"申公"二字。

申县多次出现于史书中,战略位置非常重要。申县位于南阳盆地北口,是楚国西北方向的北大门,申县西北方向是秦国,北方是晋国和周王室,东北方向是郑国。当年子元之乱时,申公斗班出手杀死令尹子元,楚庄王即位后,他身边的斗克,也曾担任过申公之职。鲁宣公十一年,也就是公元前598年,巫臣便以申公之名,出现在史书上,此时距离申公巫臣投敌接近十年光阴。申公巫臣治理申县多年,对当地非常熟悉,这样一个人投靠晋国,会令楚共王很头疼。

万一申公巫臣在申县境内安插几个内鬼,他再引晋军南下攻打申县,楚国的南阳北口一破,后果不堪设想。

而屈氏是楚国的大贵族,申公巫臣叛逃时很匆忙,还有很多亲人都在楚国境内,这些人等同于楚共王手中的人质,楚共王可以通过这些人的性命震慑申公巫臣,让他不敢大肆出卖楚国。

计划不如变化快。尽管楚共王拦住了叔叔司马子反,但对方并没有死心,他依然想要报复申公巫臣。于是司马子反联系兄长令尹子重,二人商议复仇之事。

令尹子重是楚共王的另一个叔叔,他也与申公巫臣有仇。当年楚庄王兵困宋都九个月,令尹子重在这一战中取得战功。归来后,令尹子重请求楚庄王将申县和吕县赏赐给他作为封地。

申公巫臣身为申县县尹，早已将申县视为自己的地盘。于是申公巫臣反对说，申县和吕县是楚国北方门户，这里必须掌握在楚王的手中，如果赏给某个人，这两个县将不复存在，日后晋国和郑国一定能通过这条路抵达汉水，威胁楚国的腹地。

楚庄王觉得此言有理，于是拒绝了令尹子重的请赏。从此以后，令尹子重与申公巫臣结下了仇怨。

楚共王仅仅即位两年，他作为楚庄王之子，一直活在父亲的光芒下，所以楚共王的做事风格不如他的父亲强硬。令尹子重与司马子反又是楚共王的两位叔叔，所以楚共王没有控制住局面，他的两位叔叔最终联合起来，将申公巫臣的近亲族人屠杀殆尽，还杀了夏姬前夫连尹襄老的家人，他们甚至将这些人的家财瓜分得一干二净。

事已至此，楚共王也只能接受事实。不久后，楚军按照计划，联合蔡国、许国，一同出兵北上，支援齐国。楚军先侵袭卫国，而后从蜀地❶进攻鲁国，楚军攻至阳桥❷，史称阳桥之役。

鲁国不敌，只能派人前来求和，楚军接受后，楚、齐、秦、郑、宋、陈、蔡、卫、许等诸侯在蜀地结盟。

不过鲁国国史《春秋》认为这一次缺乏诚意的会盟，与会成员害怕晋国而偷偷与楚国结盟，因此春秋史官故意没有记载参与会盟的卿大夫姓名。

蜀地会盟声势浩大，自然会惊动晋国。由于申公巫臣的叛变，晋国君

---

❶ 今山东省泰安市以西。

❷ 今山东省泰安市以西。

臣知道了齐、楚两国联合行动的军情。当时楚庄王的余威犹在，楚军与齐军也都是劲旅，晋国上下心生畏惧，他们不敢与之正面对抗，不得不避开楚军。❶

在楚国北上支援齐国之时，申公巫臣收到了亲人被屠戮的消息，这个为了一代妖姬投敌的小人物，开始了自己的复仇计划，他落下的这一子，改变了春秋的乱世棋局。

---

❶ 《左传·成公二年》："是行也，晋辟楚，畏其众也。"

04 神之一手
——乱世棋局中的惊鸿

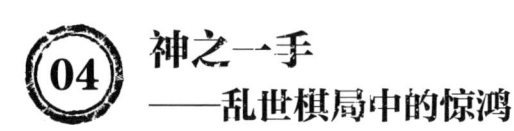

公元前589年，申公巫臣迎娶夏姬后叛楚投晋。令尹子重以及司马子反借机报复，将申公巫臣的族人屠戮殆尽。

申公巫臣收到消息后悲痛欲绝，他写信给两个凶手说："我申公巫臣一定要你们疲于奔命，死在征伐途中。"

令尹子重和司马子反收到申公巫臣的书简后，不以为然。先君楚庄王凭借邲之战以及之后的战役，将中原划入了楚国的势力范围。此时，晋国正处于弱势地位，无法与楚国相抗衡。而申公巫臣不过是流亡之人，他能掀起什么风浪？

申公巫臣想要复仇，他必须想方设法动摇楚国的霸业。申公巫臣的格局很大，他复仇的目光没有局限在熟悉的申县上，而是放在了当时无人想到的地方。所谓人情似纸张张薄，世事如棋局局新，如果将春秋乱世看成无比巨大的一局棋，那么申公巫臣的这一步棋，堪称神之一手。

如果站在万里高空俯视九州，便不难发现，古代中国的军事地理，是一种棋盘型的格局，人们可以将八千里山川融入纵横十九路的棋盘，关中、河北、东南、四川位于棋盘的四角，山西、山东、湖北、汉中位于四边，河南洛阳位于天元❶考证参见附录3。

---

❶ 天元，围棋术语，指棋盘最中央。

放眼天下，关中的秦国以及四川的巴国向来与楚国交好，申公巫臣难以离间。河北的燕国以及山东的齐、鲁两国距离楚国太远，无法扼制楚国。中原的郑、宋两国，早已成为楚国的盟友。

在整个棋盘上，唯有东南方向是一块空白，这里的吴、越两国，被中原地区轻视，他们很少参与中原的混战，在战略、战法、兵车、弓箭等事项上，吴、越两国全面落后于中原，他们的地位，甚至不如某些戎狄部落。❶

而申公巫臣的神之一手，恰恰落在东南地区的吴国身上，申公巫臣为晋景公献上了联吴制楚的计谋，他推动了晋国与吴国的联盟。

司马迁曾这样评价吴国：吴国东有海盐之饶，章山之铜，三江五湖之利。而且东南地区民风彪悍，《汉书》地理志上记载："吴越之君皆好勇也。"

根据史书记载的细节，楚庄王可能是历史上最早注意到吴、越两国重要性的人，他在全面北上争霸之前，曾率军灭亡舒国，然后楚庄王与吴、越两国商定国界，并订立了盟约。

申公巫臣身为楚庄王的重臣，也看到了吴国的潜力。申公巫臣出使吴国考证参见附录4，拜见吴王寿梦时，陈述利弊，将吴国、晋国、楚国三者的关系分析得很透彻，吴王寿梦是一个有野心的国君，他接受了申公巫臣的建议，开始与晋国通好。

申公巫臣为了提高吴国的军事实力，率领兵车三十乘前往吴国，并且

---

❶ 在春秋时代，楚国因为楚武王僭越称王，此后很多史书将楚国国君称为楚王。吴、越两国不曾称王，却也有吴王、越王之称，这是因为，当时吴、越两国并不遵从周礼，他们生前没有诸侯之名，死后没有诸侯谥号，春秋史官将其称为王，有蔑视之意。这也是中原诸侯歧视吴、越两国的佐证之一。

将其中的十五辆赠送给吴国，此外，申公巫臣还赠送了弓箭手以及战车驭手，以便吴国可以学会先进的战术战法。为了迅速提高吴国的军事实力，申公巫臣甚至将儿子狐庸作为外交官，安置在吴国。

吴国的崛起，对楚国的地缘优势造成巨大打击，也让楚国在后世饱受吴国摧残。经过数年发展，吴国的实力焕然一新，从此吴国开始不断攻打楚国以及楚国的附属国，如巢国和徐国。楚国有着庞大的疆域，从郢都到巢国或者徐国远达千里。楚国为了援助巢国和徐国，不得不出兵远征。

仅仅公元前584年这一年，令尹子重与司马子反两人率兵抵御吴军的次数便多达七次，他们疲于奔命，应验了当日申公巫臣的誓言。

春秋历史复杂多样，国与国之间，甚至人与人之间都有着千丝万缕的联系。吴国的崛起与晋楚争霸密不可分，申公巫臣推动晋吴联盟，改变了晋楚争霸的格局，甚至影响了后世的走向。

但历史的必然往往是通过偶然来实现的，东南地区在中国历史版图中非常重要，这里一定会参与到中国历史进程中，东南地区或许会迟到，但不会缺席。即使没有申公巫臣，也会发生其他事件，将东南地区卷入天下纷争。这是历史的必然，也是中国军事地理的客观规律。

05 赵氏孤儿
——赵氏一族的宿命

在晋、齐鞌之战发生的同一时期，发生了春秋历史上最著名的"赵氏孤儿"事件。元代戏曲和明代小说都曾以"赵氏孤儿"为背景，创作出优秀的文学作品。而存在于先秦史料中的"赵氏孤儿"，远比人们想象的真实且血腥考证参见附录5。

赵盾作为晋国历史上第一位权臣，他执掌朝政接近二十年，在此期间，赵氏家族成为晋国的庞然大物，赵盾去世后，赵氏族人一如既往地高调行事，自然会引起晋景公的不满。

在邲之战中，赵氏家族的族长赵括以及他的弟弟是主战派的核心人物，当时二人选择支持中军佐先縠。此外，赵氏之人赵旃还曾挑衅楚庄王。

晋军在邲之战中败北后，罪魁祸首先縠还曾里应外合，联合戎狄部落作乱，最终先氏家族被灭，消失于历史长河中，而赵氏一族，也受到不小的牵连。晋景公在邲之战结束后，曾借机打压赵氏一族的势力。

只要对比邲之战与鞌之战的晋军将领名单，便可以清晰地察觉到其中的变化。

在邲之战时，荀林父担任中军将，先縠担任中军佐，赵括、赵婴齐二人为中军大夫；士会担任上军将，郤克担任中军佐，巩朔、韩穿担任上军大夫；赵朔担任下军将，栾书担任下军佐，荀首、赵同担任下军大夫。韩

厥为司马。❶

当时晋国三军都设置了大夫,属于军中的高层将领。例如,中军大夫在中军将、佐之下,但在侯长之上,职责是协助管理军队。

梳理史书中晋军高层,赵盾之子赵朔位列六卿,而赵括、赵婴齐、赵同三兄弟占据三军大夫的半壁江山。十二人中,赵氏家族独占四位。

仅仅数年后,在晋军征战鞌之战前,晋国六卿的名单发生了不小的变化,郤克担任中军将,荀首担任中军佐,荀庚担任上军将,士燮担任上军佐,栾书担任下军将,赵同担任下军佐。❷

在这份名单中,赵盾之子赵朔已经不知所踪,赵氏族长赵括也不在六卿之列,仅有赵同位列六卿的最后一位。而在邲之战中的下军大夫荀首,此时高居六卿第二把交椅,荀林父之子荀庚位列第三。

晋景公的御下之术,远不止如此。在鞌之战结束后的一年,即公元前588年,晋景公以论功行赏为由,将晋国的三军六卿扩大到六军十二卿。此次晋国扩军,并非因为晋军实力剧增,而是晋景公担心出现另一个权臣,他有意将六卿的人数扩大一倍,如此一来,可以将晋国领导层的权力进一步分散,朝堂上的人数越多,越不容易出现权倾朝野的权臣。

到了公元前587年,中军将郤克不幸去世❸,按照六卿晋升规则,应该由中军佐晋升一位,然而晋景公却有意将列位第五的下军将栾书越级提拔

---

❶ 《左传·宣公十二年》:"荀林父将中军,先縠佐之。士会将上军,郤克佐之。赵朔将下军,栾书佐之。赵括、赵婴齐为中军大夫。巩朔、韩穿为上军大夫。荀首、赵同为下军大夫。韩厥为司马。"

❷ 《左传》极少记录晋国的三军大夫之名,因此三军大夫名单未知。

❸ 史书中没有记载郤克的死因,笔者倾向于这是郤克在鞌之战中重伤所引起。

为中军将。这是晋景公帝王心术的完美体现。

郤克去世时，中军佐荀首、上军将荀庚分列第二、三位。荀首是荀林父之弟，也是智氏家族的始祖，荀庚是荀林父之子，也是中行氏的始祖，这两人是叔侄关系，若按照以往的规则，荀首和荀庚二人各自晋升一位，那么荀氏家族的叔侄将掌控整个中军，更糟糕的是，荀庚正值壮年，荀首去世时，荀庚可以接手中军将，那么中军将之职将被荀氏把持两代人，晋景公不会允许这种情况发生。

而上军佐士燮，是士会之子。士会是参加过城濮之战的元老，他在晋国德高望重，因此士燮年纪轻轻便跻身晋国六卿之列，此时士会仍然健在，如果提拔士燮为中军将，他的前途将不可限量。

栾书的情况，与前几位截然不同。虽然栾书也是晋国贵族出身，但栾氏家族从未出现过中军将，而栾书的父亲栾盾，当年因为不满于赵盾的独裁，他既不拉帮结派，也不阿谀奉承，所以遭到赵盾的排挤，栾盾为官多年不见任何升迁，始终担任下军将。

与其他六卿相比，栾书不仅与赵氏一族有仇，而且政治资本单薄，在晋景公眼里，栾书是最合适的中军将人选，他成为中军将，势必会受到其他大氏族的制衡。

栾书很聪明，也非常有能力，他知道自己为什么会成为中军将。因此，栾书将自己的命运与晋景公绑在一起，并且借晋景公之力，迅速坐稳了中军将的宝座。

栾书成为中军将的第一年冬天，郑国和许国因为边界争议，双方兵戎相见。晋景公挟鞌之战余威，点将中军将栾书、中军佐荀首、上军佐士燮三人率军伐郑救许。

当时郑、许两国都是楚国的盟友,晋军救许,看起来是多管闲事,实际上,晋景公是借着伐郑救许的旗号,削弱楚在中原地区的影响力。

楚国得到晋军南下的消息,也明白对方的用意,他们马不停蹄,立刻发兵救援郑国。此时栾书刚刚接手中军将一职,他没有冒险,而是很谨慎地率兵回国。毕竟晋国势力林立,栾书尚未站稳脚跟,麾下的荀首与士燮的家族势力雄厚,一旦战败,他的从政生涯将会宣告终结。

晋楚两军并没有相遇,楚军抵达后,郑、许两军停战,他们的国君向楚军的统帅司马子反诉苦,请对方评理。司马子反左右为难,只好回答说:"此事我做不了主,二位国君若有空,不如前往楚国,楚王英明神武,可以帮你们定夺。"

郑国伐许这件事,暂时告一段落。

同年冬天,赵氏家族发生了一件丑闻——赵婴齐与赵庄姬有染。

从表面上看,赵庄姬是晋成公之女,后来嫁给赵盾之子赵朔,而赵朔谥号为"庄",赵庄姬因此得名,而赵婴齐是赵盾同父异母的弟弟,即赵朔的叔叔。这二人之间,是叔叔与侄媳妇的不伦之恋。❶

而春秋诸侯的家谱,远没有如此简单。晋文公之女赵姬下嫁给赵衰,

---

❶ 《史记·赵世家》:"赵朔妻成公姊,有遗腹。"后人据此推断,赵庄姬为晋成公的姐姐。然而《史记·赵世家》在此记录不实,更是虚构出屠岸贾这一人物,不足为信。晋成公是晋文公之子,如果赵庄姬是晋成公的姐姐,则赵庄姬也应该是晋文公之女。晋文公约公元前697年生人,公元前636年迎娶最后一任妻子文嬴,所以晋成公即位时,至少三四十岁,晋成公姐姐的年纪则更大。此外,晋文公将女儿赵姬嫁给赵衰,如果赵庄姬是晋文公之女,赵庄姬便与赵朔的祖母赵姬同辈,她不可能嫁给赵朔为妻。中华书局版《左传》注解,赵庄姬为晋成公之女,笔者姑且信之。

生下赵括、赵同、赵婴齐兄弟三人。晋成公也是晋文公之子，从晋文公的血脉推断，赵婴齐与赵庄姬又是表兄妹或者表姐弟的关系。

以赵婴齐和赵庄姬的身份背景，二人传出乱伦丑闻，称得上是震惊晋国的大新闻。

赵括和赵同二人得知消息后，毫不留情地将赵婴齐驱逐出境。❶

赵婴齐在流亡前，曾经感慨道："我的确有不伦之事，但人各有长，有我在，栾书不敢动赵氏家族，一旦我被流放，两位兄长恐怕将会遭殃。"

赵括与赵同不听，坚决将他驱逐。从赵婴齐的言辞中，可以推断出，当时赵氏家族已经察觉到栾书将会对他们动手。

之后事情的发展，既顺理成章，又浑然天成。赵氏一族仿佛变成了春秋乱世中的一粒尘埃，苍白而又身不由己。

第二年夏天，许国国君许灵公听从楚国司马子反的建议，他向楚共王控告郑国。郑悼公不甘落后，也带着心腹大臣，前往楚国去讲道理。

没承想，郑悼公讲道理的水平不如许灵公，楚国公事公办，将郑悼公的随从扣押在楚国，放郑悼公独自回国。

郑悼公回到国都新郑后，越想越生气。他继承了郑国历代先君左右逢源的优良传统，所以没有深思熟虑，便果断派人前往晋国求和。两个月后，郑悼公亲临现场，与晋国代表赵同结盟。

不久后，郑悼公亲自跑到晋国，拜谢不杀之恩。晋国大夫士贞伯看见郑悼公的言谈举止，忍不住连连摇头说，郑国国君眼神闪烁不定，走路飞

---

❶ 在邲之战时，赵婴齐与赵括同为上军大夫，然而赵婴齐听从士会之命，提前备船，却没有将此事告诉两位兄长。晋军邲之战结束后，赵括仕途大受影响，兄弟三人的关系似乎并不和睦。

快，并且不能安静地坐在自己的位置上，他可能活不久了。

同年六月，郑悼公卒。

楚国没有伐丧不祥的规矩，郑悼公刚刚去世，楚共王便以郑国背叛为由，出兵北上伐郑。

晋景公再次派出栾书、荀首、士燮等人率军南下。时隔多年，晋、楚两军又一次在中原战场上遭遇，结果出人意料，楚军主动避战，撤兵回国。

晋军则得势不饶人，他们掉转军队，进攻蔡国。蔡国是楚国进入中原的跳板，楚军这次没有退让，楚国大夫公子成和公子申率领申地和息地的地方军队，火速驰援蔡国。

最终双方对峙于蔡国境内的桑隧。❶

大战一触即发，晋军重蹈邲之战的覆辙，他们内部又一次出现了分歧。赵括和赵同向栾书请战，二人想要与楚军一争高下。荀首、士燮和韩厥三人纷纷反对，他们劝栾书说："我们此行本是救援郑国，此前楚军已经撤退，我们不仅没有回国，反而攻打蔡国，这是多此一举。如今楚军已被我们激怒，这一战不好打。况且我们全军出动，楚军仅有申、息两县的军队，我们赢了也不光彩，输了更丢人，不如回去吧。"

栾书依然不愿意与楚国正面交锋，于是他下令晋军撤兵。

赵括和赵同等人并不甘心，与此同时，晋军十二卿中，主战派势力抬头。

有人劝谏栾书说："您是执政大臣，但也应该考虑大众的感受，在辅

---

❶ 今河南省驻马店市确山县东面。

佐您的十一人中，只有三人不想作战，您为什么不听大众的意见？"❶

栾书听完回答，三人从众，有三个人想要撤兵，也算是听从大众。

最终，栾书强硬地压下主战派的声音，率军回国。

赵括、赵同、赵旃三人一直是晋军中的刺头，在邲之战中，赵括与赵同跟随先榖，裹挟了中军将荀林父的意愿，赵旃更是跑到楚军营中挑衅楚庄王。而此时，这三人故技重施，也想裹挟栾书的意愿，逼迫他与楚军一战。

栾书心狠手辣，权力欲非常旺盛，纵观他的一生，他曾有数次诛杀异己的行为。而且栾书父辈与赵氏一族有仇，其中恩怨，一言难尽。赵括等人轻视栾书的中军将之位，以栾书的性格，他迟早会对赵氏一族下手。

晋景公启用栾书前，便有意用他制衡赵氏一族，经过这场波折，一切似乎都在向晋景公预设的结局发展。

此后，晋国霸业重现，而史书上，却没有出现赵括、赵同、赵旃等人的身影。

公元前584年，楚国的令尹子重再次率军北上，攻打郑国。晋景公号召诸侯联军救援，郑国在援军的帮助下，围困楚军，俘虏了楚国郧县的大夫钟仪，随后郑国将钟仪献给了晋国，以示诚意。

同年八月，晋景公亲自前往马陵，他与齐顷公、鲁成公、宋共公、郑成公、卫定公、曹宣公以及莒国、邾国等九个诸侯国君会盟，史称马陵会盟。

在此前晋国的会盟中，晋国多半会派卿大夫出面，而在马陵会盟中，不仅晋景公亲临现场，齐、鲁、宋、郑、卫、曹这六个当时主要的中原诸

---

❶ 《左传·成公六年》："子为大政，将酌于民者也。子之佐十一人，其不欲战者，三人而已。欲战者可谓众矣。"晋国十二卿，除去栾书，剩余十一人，由此推断，仅荀首、士燮、韩厥三人主张退兵。

侯国的国君也全部到场，由此可见，马陵会盟的规格非常高。

此外，在马陵会盟期间，令尹子重尚未回国，他依然在郑国驻扎，伺机而动。正巧此时，吴国在吴王寿梦的率领下，挥师西进，进攻楚国的州来❶。

此时楚国北面，晋景公正举行九国会盟，楚国东面，吴国又入侵州来。对楚共王来说，这个决定并不难，九路诸侯大军在马陵虎视眈眈，明智之人都会避其锋芒，最终，楚共王派令尹子重率军驰援州来。

马陵会盟的成功，既意味着晋国重归荣耀，也意味着楚庄王缔造的霸业开始落幕。

不久后，栾书奉命统领晋国六军南下，讨伐蔡国，他不辱使命，不仅侵袭蔡国，更是率军攻入楚国境内，俘虏了楚国大夫申骊。

晋楚争霸数十年，这是晋国第一次攻入楚国的本土。令尹子重率领的楚军主力正驰援州来，而楚国边境的守军难以对抗晋军主力，他们别无选择，只能避战退守。❷

楚国的窘境印证了一句话，在正确的战略面前，战术不值一提。当年晋景公听从申公巫臣的建议，扶持吴国，这是战略上的胜利。即使楚国再强，以春秋时期的军事技术和生产力水平，楚军也很难支撑跨越千里的双线战场。

在楚军疲于奔命时，栾书乘胜追击，他率军攻破楚国边境的沈国，并且俘虏了沈国国君，史称破沈之战。《左传》用"从善如流"点评栾书取得的成功，即栾书当年听从荀首、士燮、韩厥三人的建议，没有贪功冒进

---

❶ 今安徽省淮南市凤台县附近。
❷ 《左传·成公八年》："楚师之还也。"

与楚国一战，因此才会有破沈之战的成功。❶

在漫长的晋楚争霸历史中，两军一共交手十三次，其中破沈之战极为特殊，虽然两军没有直接交手，然而晋军入侵蔡国，攻破沈国，而且攻入了楚国本土，意义重大，因此被记录为十三次交手之一。

晋军南下之时，郑国不甘寂寞，他们也积极出兵相助，而且郑军在与晋军会合的途中，顺道攻打许国，并且大获全胜，攻破了许国都城。

与晋国崛起不同的是，赵氏一族的命运，正朝相反的方向发展。这一年，赵括和赵同最后一次出现在史书中。六月盛夏之时，赵庄姬在晋景公面前诬陷赵括与赵同谋逆作乱，栾书与郤氏家族为她做证。

以栾书与赵氏一族的恩怨，不由得让人怀疑他的动机。而晋景公的反应，更值得人深思，他不由分说，派人攻打赵括与赵同，并将二人杀死，顺势灭了赵氏一族，而后晋景公将赵氏的封邑改封给大夫祁奚。当时赵朔之子赵武跟随赵庄姬藏在晋国下宫之中，幸免于难。后人将这一事件，称作下宫之难。

值得注意的是，此时灭亡的赵氏一族，仅仅是赵衰的后人。其他赵氏之人，并没有受到牵连，如赵穿之子赵旃，仍然健在。甚至赵括、赵同等人死后，晋景公将晋军缩减为四军八卿时，赵旃仍然位列八卿。

不久后，晋国司马韩厥因为小时候受到赵盾的养育之恩，他对晋景公谈论赵衰及赵盾父子的功绩，声称若是令晋国功臣无后，将来无人愿意为国效力。最终晋景公重新立赵武为赵氏一族的后嗣，并且恢复了赵氏的爵位和封邑。

---

❶ 成语"从善如流"便出自此处。

纵观整个下宫之难,这是一场针对赵盾后人的清洗。从赵氏一族在鄢之战中的表现,到晋景公起用栾书,再到赵括和赵同等人身首异处,这一切仿佛是赵氏注定的宿命。

06 独一无二
——晋景公之死

破沈之战是晋景公的高光时刻。可惜世事无常,仅仅两年后,晋景公便不幸去世,而且关于晋景公死因的记载,在史书上独一无二。

公元前581年,晋景公已经身染重病。有一天晚上,他梦见一个长发及地的恶鬼正站在面前,用双手捶打他的胸口。恶鬼口中说:"你不仁不义,杀害了我的子孙,我已经向上天伸冤了,上天允许我为子孙报仇。"❶

晋景公一生杀人无数,他根本记不清究竟是谁来报仇。

恶鬼二话不说,便要冲进宫中杀死晋景公。晋景公慌不择路,东躲西藏,恶鬼则穷追不舍,将宫墙撞得一片狼藉。最终晋景公一身冷汗,从噩梦中惊醒。

醒来后,晋景公惊魂未定,他越琢磨越觉得后怕,于是召唤朝中的巫师进行占卜。巫师起卦以后,向晋景公描述恶鬼的所作所为,与梦中的场景别无二致。

晋景公听罢,连连点头。巫师深思熟虑后,委婉地说:"大王,您吃不到今年的新麦了。"

---

❶ 《东周列国志》将恶鬼描述为赵衰前来复仇。

06 独一无二——晋景公之死

如果换一个直白的说法,则是"大王,您今年秋天会死"。❶

不久后,晋景公的病情越来越重,他听说秦人的医术高超,于是派人请名医给他看病。时任秦国国君秦桓公很有君子之风,他暂时放下秦晋之仇,本着治病救人的宗旨,派良医前往晋国,为晋景公治病。

秦国良医还没到晋国,晋景公又梦见两个小孩,一个小孩说:"秦国来人可是著名的良医,我们怕是凶多吉少了,不知道怎样才能躲过这场祸事。"

另一个小孩回答说:"我们躲在肓的上端,膏的下面,如此一来,即使是神医,也拿我们无可奈何。"

秦国良医抵达后,仔仔细细观察晋景公的病情,神情严肃地说:"您所患的疾病,存在于膏肓之间,这里既不能针灸,药力也无法到达,我实在无能为力。"❷

晋景公听完,想起了梦中的两个小孩。他反而释怀,感慨地说:"您真是一位神医。"

随后晋景公送了秦国良医一份厚重的礼物,并派人恭恭敬敬地将对方送回秦国。

医学救不了晋景公的命,那便试试玄学。此后晋景公仍不甘心,他派人天天盯着田地里的麦子,只要麦子熟了,他吃上今年的新麦,那么巫师

---

❶ 《左传·成公十年》:"晋侯梦大厉,被发及地,搏膺而踊曰:'杀余孙,不义!余得请于帝矣!'坏大门及寝门而入。公惧,入于室。又坏户。公觉,召桑田巫。巫言如梦,公曰:'何如?'曰:'不食新矣。'"
❷ 膏肓中的膏是指心脏下面的脂肪,肓是指胸腹之间的横膈膜。古人认为,这地方是最难治的,等同于绝症。因此产生了"病入膏肓"这个成语。

占卜的预言便算破了，或许自己可以绝境逢生。

这一年六月初六，田里的第一批麦子熟了，晋景公连忙找人收割，送进厨房命厨师将麦子煮熟。

与此同时，晋景公招来那日为他占卜的巫师，将做好的新麦展示给对方。晋景公说："按照你的占卜，我吃不到今年的新麦，然而现在我眼前便是新麦，你占卜得不准。"

他说完，便命人将巫师杀了。

然而晋景公还没来得及吃饭，忽然感觉肚子咕咕发胀，有闹肚子的征兆，晋景公忍耐不住，直奔茅坑，结果掉进粪坑，死了。❶

晋景公死得很有味道，他是上下五千年来，唯一一个掉进粪坑而死的君王。

在晋景公死的前一天，晋国朝中有个小官，梦见自己背着晋景公登天。醒来后，这个小官以为自己背着国君登天，意味着他将会一步登天，平步青云。小官将这个梦视为大吉之兆，第二天清晨上朝时，他和同僚大肆吹嘘自己将会因为这个梦境而飞黄腾达。

中午时分，晋景公落入粪坑而死，正是这名小官背着晋景公的尸体走出厕所的。晋国君臣认为上天想让小官与大王一同登天，于是众人将他送去为晋景公殉葬。❷

尽管史书的记载偏于荒诞，然而晋景公之死，却有一定的科学依据。晋景公临死前已经病入膏肓，按照秦国良医的推断，他应该患有心脏病，

---

❶ 《左传·成公十年》："将食，张，如厕，陷而卒。"
❷ 《左传·成公十年》："小臣有晨梦负公以登天，及日中，负晋侯出诸厕，遂以为殉。"

06 独一无二——晋景公之死

当时没有坐便，晋景公久蹲后起身，容易供血不足，很容易导致他昏厥，从而跌入茅坑。

回顾晋景公的一生，他在赵盾专权后接手朝政，随后晋军饮恨邲水，不过邲之战是一场充满意外的战争，责任并不在晋景公。而在晋景公执政的中后期，晋军取得鞌之战以及破沈之战两场大胜，晋景公也成功清洗了赵氏一族，整顿了朝纲。

尽管晋景公死得有些儿戏，但不得不承认，他为晋国重新崛起，做出了巨大贡献。

07 第一次弭兵会盟
——各怀鬼胎的和谈

破沈之战结束后,楚共王为了扭转被动局面,做出了两个改变,一是贿赂郑国,二是加强与秦国的联系,达到扼制晋国的目的。

公元前582年,楚共王派公子成携带重礼,前往郑国贿赂对方,以求郑国归服楚国。郑成公不敢怠慢,他以国君之尊,前往楚国境内的邓地,与公子成相会。❶

史书中的这个细节,反映了楚国的实力日益衰落。自百年前楚国崛起以来,历代楚王几乎没有贿赂过其他国家,在楚国的强盛时期,只要一言不合,楚军便会北上伐郑。直到破沈之战结束,才有了如此罕见的记载。

郑成公与郑国先君们一样,他的外交政策也是游走于晋楚之间。郑成公并没有拒绝楚共王的示好。

然而同年秋天,郑成公前往晋国朝见时,却发生了意外。晋国为了惩罚郑国暗中勾结楚国,他们在铜鞮❷拘捕郑成公。紧接着,栾书率军南下伐郑。

郑国不敢大意,立刻派使臣前往晋国求和。晋国的怒火却没有平息,

---

❶ 《左传·成公九年》:"楚人以重赂求郑,郑伯会楚公子成于邓。"
❷ 今山西省长治市沁县南面。

他们不顾两军交战不斩来使的礼仪,将郑国使臣斩杀。❶

楚共王有心救援郑国,但他又不想与晋国发生正面冲突,更重要的是,楚共王不愿重蹈覆辙,他担心吴国趁楚军北上时,出兵伐楚。当时陈国已经投靠晋国,于是楚共王派令尹子重率军攻打陈国,借此救援郑国。

陈国的国都宛丘❷与楚国东部边境距离很近,这里刚好位于晋国与吴国之间,一旦吴军入侵,楚军可以迅速反应。

不仅如此,楚国在这一战中,还联合秦国一同行动,秦军很快加入战场,他们与白狄部落合兵一处,从西面攻打晋国。

随着秦国联军加入战场,晋军也面临两线作战的困境。栾书行事作风凶狠而果断,他决定先速战速决,拿下郑国以后,再全力对抗秦国。

栾书的决定让郑国苦不堪言,郑国国君被俘,群龙无首,此时郑国大夫公孙申力挽狂澜,他想出一个行之有效的对策——既然晋国想要速战速决,那么郑国便与晋军打消耗战,不让对方得逞。

公孙申出身于郑国公族,他是郑穆公的孙子。他出面主持大局,让郑国群臣有了主心骨。不过依然有人顾虑重重,他们询问说:"我们的大王还在晋国手中,万一晋人气急败坏,对大王不利,郑国将难以收场。"

公孙申回答说:"事到如今,我们越投鼠忌器,就越被动。不如我们出兵包围许国,并且假装改立其他国君,同时,暂缓派使臣前往晋国。目的是给晋人造成即使杀了大王,也威胁不了我们的假象。如此一来,大王反而更安全。"

---

❶ 《左传·成公九年》:"栾书伐郑,郑人使伯蠲行成,晋人杀之,非礼也。兵交,使在其间可也。"由此可见,在春秋时期,便有了两军交战,不斩来使的规则。

❷ 河南省周口市淮阳区。

晋国探查到郑国的动向后，他们果然中计，栾书速战速决的计划落空，他不愿久战，便撤兵回国，抵御秦国的入侵。

郑国之围已解，楚共王也下令楚军回师。公元前581年冬季十二月，楚共王派使臣前往晋国，商议和谈之事。

不久后，晋景公病重，不到一年时间，他便病逝于晋国，此时晋景公之子州蒲即位，史称晋厉公。

时至今日，晋、楚两军彼此征伐长达五十余年，天下诸侯都被卷入其中，郑、宋两国因为地处中原核心地带，成为晋、楚必争之地，两国饱受摧残，苦不堪言。

宋国的四朝元老华元，对此深有体会。公元前606年，郑国的公子归生奉楚国之命，出兵讨伐宋国，华元率军应战，宋军战败，华元被俘。十一年后，楚庄王兵困宋都商丘长达九个月，宋国百姓易子而食，华元夜入楚军大营，表达宋国的投降之意，这才保住了宋国江山社稷。

华元的经历，是乱世众生的缩影，他身为宋国贵族，尚且如此，更何况芸芸众生？几十年的从政生涯，让华元积累了雄厚的政治资本，他与楚国的令尹子重常有往来，又与晋国的中军将栾书私交甚密。

既然楚共王有和谈的意向，华元便想利用自己的人脉，推动两国止戈停战。华元先前往楚国与令尹子重交流沟通。楚国没有异议，同意了他的建议。

紧接着，华元又前往晋国与中军将栾书商议。此时晋国正与秦国交战，栾书为避免两线作战，也同意了华元的建议。

至此，晋、楚和谈便提上了日程。

随后，晋厉公又与秦桓公和谈，双方约定在令狐会盟。

07 第一次弭兵会盟——各怀鬼胎的和谈

令狐位于河东之地，当时属于晋国境内。晋厉公率先抵达令狐，秦桓公对晋国的防备之心很强，他抵达黄河岸边后，很谨慎地没有渡河，而是滞留在黄河以西。

史书中没记载秦桓公这样做的原因，或许与晋国扣押郑成公有关，因此秦桓公不敢冒险渡河。于是，春秋历史上最奇葩的一场会盟，便这样诞生了。秦桓公派秦国大夫史颗到黄河东岸与晋厉公会盟，晋厉公则派郤犨到黄河西岸与秦桓公会盟，史称令狐会盟。

士燮对令狐会盟取得外交成果很悲观，他说："诸侯之间通过会盟来维持各自的信用，而约定的会盟地点，便是彰显信用的起点。如今双方没有在约定地点会盟，无异于背弃信用，那么这场会盟便毫无用处。"

士燮果然一语成谶，秦桓公刚回到秦都雍城，便撕毁了与晋国的盟约。

对晋国来说，与楚国的和谈更为重要，因此，晋国君臣暂时忍气吞声，没有出兵伐秦。

公元前579年五月初四，晋国派出士燮前往宋国，与楚国的代表公子罢、许偃二人正式结盟。双方约定，凡晋、楚两国，不可刀兵相向，两国应共同进退，如果有危害楚国的诸侯，晋国应该出兵征讨对方，同样，如果有危害晋国的诸侯，楚国也应出兵征讨对方。

历史上将这一次会盟，称作弭兵会盟。然而，这次弭兵会盟，并没有让晋、楚两国停止征战，数十年后，双方又一次和谈结盟。所以此次会盟，也可以称为一次弭兵会盟。

晋国与楚国订立盟约后，他们可以短暂地从争霸的泥潭中抽身。在一次弭兵会盟的第二年，晋厉公为了报复秦桓公撕毁盟约之事，大举入侵秦国。

08 麻隧之战
——三强服晋的最后一战

在晋楚弭兵会盟的第二年四月，晋厉公派吕相到秦国去，送了一封大名鼎鼎的《绝秦文》考证参见附录6。

在《绝秦文》中，晋厉公站在晋国的立场上，从秦晋之好的时代开始，将秦国从头数落到尾，将秦晋关系恶化的现状，全部归责于秦国。

秦桓公收到《绝秦文》后，察觉到晋国将会西征伐秦。秦桓公不愿束手就擒，于是派人分别向狄人和楚人求援。

当时楚国刚刚在弭兵会盟上与晋国签订盟约，背信弃义的代价将会很大，所以楚国没有出兵援助秦国。

秦国孤立无援，而晋厉公却对秦国非常重视，他几乎举全国之力西征，中军将栾书、中军佐荀庚、上军将士燮、上军佐郤锜、下军将韩厥、下军佐荀罃、新军将赵旃、新军佐郤至，这八卿尽数出征。

此时晋国八卿名单，值得人们深思。当年赵盾专权时，赵氏家族一家独大。晋景公执政后，栾氏与郤氏一起诬陷赵括、赵同叛乱。赵氏没落后，栾氏与郤氏迅速崛起，除此之外，荀氏家族也有两人跻身八卿之列。剩下三人，分别是前中军将士会之子士燮、三朝元老韩厥，以及赵旃，赵旃的父亲赵穿是晋国驸马，他身上有晋室血统，同时赵旃与赵括等人同宗不同支，所以他才会幸免于难。

从晋文公制定六卿制度开始，晋国卿大夫的权力一直趋于集中，晋景

08 麻隧之战——三强服晋的最后一战

公在位时，为了防止出现晋国大夫权力集中的现象，曾经扩军为六军十二卿。此时看来，这一举动的效果并不明显，赵氏一族没落后，其他家族迅速填补了权力的空白。

晋献公屠杀公族、晋文公创建六卿制以及晋成公赋予异姓士大夫类似一般公族世袭的权力，一系列历史事件，都为三家分晋埋下了伏笔。

晋国几十年的历史进程，也证明了这一点。晋国的异姓士大夫们，在血缘上缺少对国君的认同感，随着时间的推移，这些异姓士大夫之间你争我夺，权力不断集中，必然会出现政治寡头，因此晋国分裂是必然的，而历史也印证了晋国的分裂。

言归正传，在晋国举国伐秦的同时，他们还联合齐、鲁、宋、郑、曹、卫、邾、滕八个国家一同伐秦。❶

在公元前578年五月初四，晋国联军浩浩荡荡杀向秦国，秦军奋力抵抗，两军在麻隧展开了一场大战，史称麻隧之战。

这是一场实力不对等的战争，晋国联军兵力约有十二万人，秦军举国兵力仅有五六万人，双方实力悬殊，况且晋军出师有名，他们士气如虹，一举击败秦军，取得了麻隧之战的胜利。

在影响中国历史的一百场战役中，秦晋之间有两场战争入选，分别是崤之战与麻隧之战。秦国在这两场战役中败北，导致他们在春秋时期失去了争夺中原霸主的机会。

---

❶ 《左传·成公十三年》将诸侯出兵的理由，归结于秦国，书中记载："秦桓公既与晋厉公为令狐之盟，而又召狄与楚，欲道以伐晋，诸侯是以睦于晋。"然而，《春秋》与《左传》一直持有亲晋立场，他们奉晋国为霸主，这个记载或许有失偏颇。此前，晋国屡屡有联合戎狄作战的历史，却未见春秋史官对此提出批评。

对晋国来说，麻隧之战同样意义非凡。近十年来，晋军平定赤狄部落中最大的分支潞子国，令赤狄对晋国的威胁大减，随后晋国和齐国打了一场鞌之战，此后数十年，齐国不敢染指中原，而在麻隧之战结束后，秦国也不得不服从晋国。

人们将这一段时期称为三强服晋，即赤狄、齐国和秦国这北方三强服从晋国的战略部署。

麻隧之战结束后，晋楚争霸的局势逆转，晋国重新占据优势，楚国则一定会殊死一搏，两国之间，将会有一场决定性的大战。

09 子臧让国
——春秋时代的圣人精神

尽管晋军在麻隧之战中取得大胜，但秦军却是一块难啃的骨头，这一战给晋国带来了不小的压力。史书上记载了一个细节，可以侧面印证这一点。

在参与晋国伐秦的诸侯联军中，曹国国君曹宣公不幸战死沙场。于是曹国派公子负刍留在国内镇守，派公子欣时去晋国迎回曹宣公的尸体。结果这一年秋天，公子负刍趁机发动政变，他杀死曹宣公的太子，并自立为君，史称曹成公。

曹成公的所作所为，引起了很多人的不满，于是诸侯纷纷跑到晋国，请求晋厉公出兵讨伐曹国。

按照惯例，曹宣公为晋国死在战场上，晋国作为诸侯的霸主，理应义不容辞地讨伐曹成公，然而，晋厉公却请求诸侯们暂缓讨伐曹国，他给出的理由，恰恰是因为晋国刚刚打了一场麻隧之战，尚未恢复元气，等明年再伐曹。❶

晋国一直奉行联秦制楚的策略，此时晋军疲惫不堪，楚共王理应趁机北上，然而，楚共王却一直按兵不动。

很多人认为楚共王一生都活在父亲楚庄王的阴影下，他在晋楚争霸中表现得软弱无能。如果能设身处地地站在楚国的立场考虑，人们不难理解楚共王的苦衷。

---

❶ 《左传·成公十三年》："晋人以其役之劳，请俟他年。"

《孙子兵法》在谋攻篇里说，上兵伐谋，其次伐交，其次伐兵，其下攻城。在国与国之间的争斗中，往往只有在外交上走投无路时，才会采取军事行动。

对楚国来说，晋军修整时，从军事角度出发，这是一个好时机，但从战略和外交角度来衡量，则是非常差的时机。

当时晋国刚刚率领诸侯联军，以优势兵力击败秦国，取得了三强服晋的成就，晋国的根基没有动摇，他们很快可以修整好。同时，晋楚之间订立了弭兵盟约，如果楚国背信弃义，贸然发动战争，在外交上将会被其他诸侯国孤立，楚国也会陷入被动局面。

除此之外，吴国一直对楚国虎视眈眈，楚国北上伐晋，势必要千里远征，不仅劳师动众，而且一旦吴国偷袭楚国边境，楚军又将疲于奔命。

因此，楚共王选择按兵不动，并非因为软弱无能。

在晋国修整期间，曹成公的心里一直很不踏实，他头上仿佛有一把将落未落的利刃，随时会取他性命。虽然曹成公杀死了曹宣公的太子，但曹宣公的另外一个儿子子臧仍在，他的声望极高，是曹成公的威胁。

曹成公发动政变后，子臧准备离开曹国流亡。不承想，曹国境内有很多大夫都想追随他一起流亡。

曹成公见自己不得人心，于是更加恐惧。最终曹成公亲自拜见子臧，他在对方面前认罪，并请求子臧留下。子臧没有反对，同意了曹成公的请求。

不久后，晋国从麻隧之战中恢复元气，公元前576年，晋厉公联合各路诸侯讨伐曹国。联军势如破竹般攻陷曹国，并将曹成公俘虏。❶

---

❶ 《春秋》记载："晋侯执曹伯。"凡是国君对百姓昏庸无道，诸侯讨伐并且逮捕他时，史官都会用"执"这个字来记载。

09 子臧让国——春秋时代的圣人精神

曹成公被俘后，诸侯们想请子臧前往成周雒邑觐见周天子，以便天子将子臧立为国君。

可子臧无心世俗权力，并不想成为国君，他一心想成为圣人。子臧对诸侯们说："圣人首先要通达节义，其次要保守节义，最不入流的才会失去节义。做国君不符合我的节义，所以我不能做国君。"

子臧带着一颗成圣之心，潇洒地挥一挥衣袖，逃到宋国躲避。国不可一日无君，曹国群臣别无他法，他们只好向晋国求情，请晋国释放曹成公。

如此求了又求，前后两次，晋厉公不得已，只能派使臣拜见子臧。使臣对子臧说："既然您不想当国君，我们也不愿强人所难，但您能否回曹国呢？只要您愿意坐镇曹国，我们就愿意释放曹国国君。"

子臧无奈，只好答应了晋国的请求。他回国后，晋厉公如约送回曹成公。可是曹成公刚回国，子臧便将自己的封地和职位悉数放弃。他不再为官，而是一心一意地寻求如何成为圣人。

这便是春秋著名的典故——子臧让国。

10 鄢陵之战
——晋楚第三次大规模会战

在诸侯联军讨伐曹国的时候，中原的郑国又发生了一点小插曲。

公元前577年八月，郑国挥兵南下，攻打许国，但是没有称心如意地获得胜利。同年八月二十三日，心有不甘的郑成公亲自率军攻打许国，三日后，郑军攻入许国的外城。兵临城下，许国无可奈何，只能与郑国和谈。

这些年来，郑国和许国之间恩怨不断，郑国一直有吞并许国之心，而许国早已投靠楚国，如今郑国伐许，这件事在楚国司马子反眼中，便成为楚军北上的契机。

而郑国则在弭兵会盟以后，加入了晋国的阵营，不久前，他们还出兵参与了麻隧之战。楚国想要借机攻打郑国，实在有心无力。

因此，楚国有人反对司马子反说："我们刚刚和晋国联盟，现在攻打郑国，等同于背信弃义，此事不妥。"

司马子反说："敌情有利于我们，我们便应该进攻，无须顾虑盟约之事。" ❶

司马子反不仅格局小，还很冲动，他一意孤行，出兵北上伐郑，不仅揍了郑国一顿，还顺势入侵了卫国。

晋国中军将栾书得知消息后，便想立刻报复楚国。下军将韩厥却将

---

❶ 《左传·成公十五年》："敌利则进，何盟之有。"

他拦住说，司马子反行事冲动，不如让他肆意妄为。司马子反招惹的人越多，对晋国越有利。

韩厥的计谋，颇有纵心术的味道。所谓人贵势弱，骄其志折焉。权势滔天之人，免不了骄傲放纵，自以为是。如果直接对抗，胜算不大。如果反其道行之，任由他们骄傲放纵，积怨会越来越多，终有一天将引火上身。

司马子反见晋国没有出兵，他的行事果然更加嚣张。司马子反想不到，一场史诗级的大战，正悄然上演。

虽然晋国没有出兵远征，但他们也没有袖手旁观，在楚军北上的同一年，即公元前576年冬季十一月，晋国的上军将士燮，联合鲁国叔孙侨如、齐国高无咎、宋国的华元、卫国孙林父、郑国公子鰌等一众人，远赴钟离会见吴国使臣。❶

在春秋时期，钟离属于江淮的蛮夷之地，这里距离吴国边境并不远。晋国率诸侯们的卿大夫远赴钟离，为的是与吴国结盟。❷

这是晋国的一场阳谋。阳谋与阴谋截然不同，所谓阴谋，是不能告诉对方底牌的谋略，一旦底牌被掀开，阴谋大多就没用了。但阳谋是可以将底牌示之于人的谋略。

晋国与吴国结盟，用意昭然若揭，无非是联合对抗楚国。此时晋国重新崛起，楚国应该先避其锋芒，并且以雷霆之势将东南地区的吴国扼杀于摇篮中，这才是上上之策。

毕竟卧榻之侧，岂容他人鼾睡。楚国和吴国同在长江流域，楚国若想北上称霸，必须将东南地区控制在自己手中，否则他们又将疲于奔命。

---

❶ 今安徽省滁州市凤阳县附近。
❷ 《左传·成公十五年》："十一月，会吴于钟离，始通吴也。"

一个人有思维定式，一个国家也会有。在漫长的历史中，吴国一直实力孱弱，他们夹杂在江淮蛮夷和百越杂居的地方，楚国从心底里轻视吴国。

一个国家的思维定式，不会因为某个人而改变，它是一种集体意识的体现，并且具有很强的时代局限性。在楚国君臣的眼中，中原地区的战略意义远胜于东南地区。在这种思维定式的影响下，使楚国忽视了吴国。

刚好，同年十一月初三，许国国君许灵公饱受郑国之苦，他向楚共王请求，希望许国可以迁到楚国境内。

楚国地广人稀，许灵公的请求并不令人为难，轻松地得到了楚共王的同意，而后许灵公便将国都迁至叶地❶，从此许国成为楚国的附庸，随着历史的变迁，许国最终在战国时期被楚国灭亡。

第二年春天，即公元前575年，楚共王亲率楚军北上，驻扎于武城❷。

武城是楚国北部边境的重镇，距离郑国仅一步之遥，当所有人以为楚共王将从武城出兵伐郑时，他却派公子成前往郑国，以割让汝阴之地为条件，向郑国求和。

楚国前有贿赂郑国，后有割地求和，这是楚国霸业衰落的又一个征兆。当然，楚共王割地求和，是一碗敬酒，也是掺着砒霜的蜜糖。

郑成公召见公子成后，不禁左右为难。郑成公知道，汝阴之地并不好吃，如果郑国接受汝阴之地，与楚国和谈，那便意味着郑国背叛晋国。可如果他们不接受，楚国大军正在武城虎视眈眈，他们随时会北上伐郑，到时候，便是敬酒不吃吃罚酒的局面，郑国将得不偿失。

在郑成公举棋不定时，朝中群臣劝谏说："郑国一向游走在晋、楚两国

---

❶ 今地不详。
❷ 今河南省南阳市以北的地区。

10 鄢陵之战——晋楚第三次大规模会战

之间,既然楚国愿意割地求和,不如同意对方。日后之事,日后再说。"

郑成公想不出更好的对策,只能派人前往武城,与楚共王结盟。

郑国与楚国结盟后,楚国的战略形势得到好转。同年四月,郑国子罕出兵伐宋,郑军转败为胜,俘虏了宋国两位大夫。

郑国做的这事引起了众怒,卫国不等其他诸侯反应,率先出兵伐郑。

晋厉公同样对郑国不满,也想出兵伐郑,以惩戒郑国的背叛。

士燮劝谏说:"大王,只有当诸侯都背叛我们时,我们才能兴兵讨伐,现在仅仅是郑国背叛晋国,我们不能出兵。"

栾书这个人很记仇,经过下宫之难,他已经坐稳了中军将的位置。此时栾书的态度比晋厉公还强硬,他说:"两年前我便想出兵伐楚,可是韩厥让我暂且忍耐,忍到最后,郑国却背叛了晋国,在我执政期间,我绝对不能失去任何一个诸侯,这一次,我一定要讨伐郑国。"

晋厉公得到了中军将栾书的支持,他不再犹豫,晋厉公派晋国群臣四处奔走,前往齐国、鲁国、卫国等诸侯国,着手组织联军,一同伐郑。

公元前575年农历四月十二,晋景公沙场点兵,命栾书担任中军将,士燮担任中军佐,郤锜担任上军将,荀偃担任上军佐,韩厥统率下军,郤至统率新军,又命荀罃留守晋国。

晋军主力拔寨出征,拉开了晋、楚之间最后一场大规模战争,这便是赫赫有名的鄢陵之战。

郑成公听闻晋军大举入侵,立刻派人跑到楚国告急。楚共王得知消息后,立刻命司马子反统率中军,令尹子重统率左军,右尹子辛统率右军❶,让这三兄弟统率全军,驰援郑国。

---

❶ 右尹为楚国官名,子辛是楚穆王之子,即他与令尹子重、司马子反同为兄弟。

十几年来，晋国通过鞌之战以及麻隧之战，收服齐国，重创秦国，并且会合中原诸侯与吴国结盟。楚国在争霸中陷入绝境。楚共王依靠割地求和，才换取郑国投诚。楚共王在伐谋与伐交上接连失利，这一战，成为他最后的选择。楚共王决定拼死一搏，将国运赌在沙场上。

此次楚军北上与以往不同，他们没有借道蔡国，而是选择通过南阳盆地进入中原。这是一场有预谋的战争，此前楚共王便已率大军驻扎在武城，这里距离南阳盆地北口的申县不远，或许楚共王早已预料到晋国南下，所以楚军才会如此迅速集结，并取道南阳。

司马子反在率军路过申县时，曾询问过申叔时对这一战的预测。申叔时是楚庄王时代的元老，在楚国德高望重。他从德、刑、祥、义、礼、信六个方面进行阐述，史书称为申叔时论战。

申叔时对楚军的争霸结果很悲观，他说："如今楚军内忧不断，外交又陷入困境，此次征战，又撕毁了弭兵会盟的约定，出师无名。况且现在正值农忙季节，楚国却兴兵打仗，国内外民怨载道，谁还愿意为楚国血战到底呢？恐怕我再也见不到你了。"

史料中记载的很多话都很委婉，比如晋国巫师预言晋景公无法吃到新麦；再如申叔时说我再也见不到你了。言外之意都是对方将会丧命。

司马子反并没有将申叔时的话放在心上，稍作休整后，他继续率军向前行进。

对楚军持悲观态度之人，还有郑国求援的使臣。楚军尚在驰援的路上时，郑国使臣已经快马加鞭赶回国都新郑。郑国君臣迫不及待地向他询问楚军动向。使臣却说，楚军行进得太快了，而且军容不整，他们经过险峻之地时从不修整阵列，急行军暴露了楚军的急躁，军容不整暴露了楚军缺乏军纪。这样一支军队，恐怕很难取胜。

晋国与郑国仅有黄河阻隔，公元前575年五月，晋军刚渡过黄河，便收到楚军即将抵达的消息。这一次，晋军高层又出现了意见不合的老问题。

士燮位列八卿之中的第二把交椅，他深受父亲士会的影响，一直是主和派的代表，他在面对行如疾风的楚军时，不禁心生退意，因此士燮向栾书提议说："我不擅长与诸侯作战，不如我们假装害怕逃避楚军，将这一重任留给有能力的人吧，我能和群臣齐心协力侍奉国君，已经心满意足了。"

栾书与当年邲之战的统帅荀林父不同，他为人果敢狠厉。栾书当即否决说，不行，我们绝不能撤兵，我便是有能力之人，这一战必须打。

栾书并不理睬士燮，他率军继续南下。同年六月，晋、楚两军在鄢陵遭遇，士燮再次心生退意，频频要求撤兵。

郤至劝说士燮道："当年秦晋的韩原之战，晋惠公溃不成军，这是国耻；晋狄的箕之战，主将先轸冲进敌营战死，这也是国耻；晋楚的邲之战，主将荀林父兵败溃逃，这更是国耻。这些晋国的奇耻大辱历历在目，如今您要晋军不战而逃，这是耻辱中的耻辱，绝对不可。"

士燮反驳说："我们晋国历代先君屡次作战，实在是不得已而为之，当时齐国、狄人、秦国、楚国都很强大，如果我们不努力，晋国的子孙后代必然会没落。现在齐国、狄人、秦国三强服晋，我们的敌人只有楚国罢了。书上说，只有圣人才能让国家没有内忧外患，我们不是圣人，如果战胜楚国，那晋国没有外患，一定会有内忧。何不暂时放过楚国，使晋国国君时常对外保持警醒？"

士燮的话并非没有道理，毕竟生于安乐死于忧患。

郤至无言以对，他只能放弃劝说对方，并追随栾书积极备战。

同年六月二十九日，楚军在清晨时分，展开攻势，向晋军逼近。此时楚军占据地利优势，晋军将士不禁忧心忡忡。士燮之子士匄快步走入军帐中，对他的父亲提议说："敌军逼近，我们不如塞井夷灶，在自己的军中列好阵势，并且疏散前面的行列，留作冲刺的距离，应对敌军。"❶

士燮听完火冒三丈，他抄起手边的大戈将儿子赶出去，口中骂道："国家存亡，全凭天意，你一个小孩子懂什么！"

栾书身为中军将，在鄢陵之战中发挥了定海神针的作用。栾书既没有慌乱，也没有把战争的胜负寄托于天意。他说："楚军心浮气躁，只要我们坚守阵营，楚军不出三天定会撤退，我们趁他们撤退时出击，便能取得最终的胜利。"

郤至很认同栾书的观点，他补充说："楚军有六大弱点，对我们来说，这是天赐良机。第一，楚军两个统帅不合。❷第二，楚共王的亲兵已经年迈，他们没有后备力量。第三，楚军的仆从军郑军，阵列不齐，他们容易拖累楚军。第四，楚军中混有蛮夷部队，他们不熟悉军阵，无法形成阵势。第五，楚军打仗不避讳吉凶，今日不宜开战，他们却布阵打仗，太不吉利。第六，楚军士兵在阵中喧闹不已，这说明他们存在后顾之忧，这会消解他们的斗志。因此，我们一定可以战胜楚军。"

---

❶ 成语"塞井夷灶"便出自此处，本意是填井平灶。谓做好布阵的准备。引申意是决心战斗，义无反顾。

❷ 郤至口中的统帅不合，是指楚军的令尹子重和司马子反二人不合。史书上并没有交代原因。但众所周知，令尹是楚国百官之首，司马次之。然而楚军此次出征，司马子反却担任中军统帅，令尹子重反而担任右军统帅，从这个细节分析，应该是楚国内部存在权力斗争，才会出现令尹屈居右军的现象。

10 鄢陵之战——晋楚第三次大规模会战

郤至提到的六大弱点，除了第五点有些牵强附会，其他都很有道理。或许是因为楚共王赌上了国运，所以楚军在鄢陵之战前，犯了贪功冒进的兵家大忌。

反观晋军，他们在栾书的统率下，不急不躁，沉着应对。如此一来，晋军便胜出一筹，在鄢陵之战开始前，楚共王曾登上巢车观察敌军敌情。❶

令尹子重看见楚共王登上巢车，连忙派楚国太宰伯州犁也跟上去。

伯州犁的身份很特殊，他原本是晋国大夫伯宗的儿子。晋景公清洗赵氏一族后，晋国朝中逐渐有新的势力抬头，郤缺的后人便借势将郤氏打造成晋国的庞然大物。

在晋厉公执政时期，郤氏家族污蔑伯宗，并且将伯宗杀害，伯宗之子伯州犁被迫逃到楚国避难。后来伯州犁被楚共王封为太宰。伯州犁流亡仅仅两三年，便发生了鄢陵之战，因此他对晋军的作战习惯了如指掌。

因为这个缘故，令尹子重才派他跟随楚共王登上巢车。而楚共王在观察敌情时，也会经常询问伯州犁。

楚共王问道："晋军正在或左或右地奔跑，这是为什么？"

伯州犁如实回答说："这是晋军在召集中层将领开会。"

楚共王恍然大悟说："怪不得他们会跑到晋军的中军帐前集合。"

楚共王看了一会儿，又问："他们设置帐幕准备干吗？"

伯州犁说："这是他们向晋国的先君占卜吉凶胜负。"

楚共王追问："他们怎么又撤去帐幕了？"

伯州犁又回答说："那可能是晋军将要发布命令的信号了。"

---

❶ 一种自带高楼的兵车，战场上的人们可以爬上去观察敌情。

此时，晋军阵营忽然出现一阵躁动，楚共王不禁好奇地说："这是发生了什么事？"

伯州犁观察片刻，说："可能晋军准备塞井夷灶，他们要摆开阵势。"

然而晋军将阵势摆好后，又发生了变故。楚共王不明所以，便再次询问，晋军有些奇怪，他们已经登上战车，为何战车左右的将领又拿着武器下车了？

伯州犁回答说："这是他们准备听取主帅发布誓师的命令。"

楚共王点头说："他们准备开战了？"

伯州犁一连被问了这么多问题，也有些不知所措。虽说他对晋国的战争流程很了解，但这次貌似不太一样，以前晋军开战前没这么烦琐。因此伯州犁拿不定主意，他只好如实回答："我也不确定，大王您再观察一会儿吧。"

楚共王与伯州犁不知道的是，晋军高层早已知道伯州犁叛逃到楚国，他们猜到了楚军会观察晋军的动向，因此故意摆下迷魂阵，迷惑对方。

有趣的是，楚军内有晋军的叛徒，晋军内也有楚军的叛徒。这人叫作苗贲皇，他叛逃到晋国的时间更久，早在楚庄王平定若敖氏之乱的年代，苗贲皇受到了牵连，就选择逃到晋国避难。

此时苗贲皇正站在晋厉公身旁，他也将楚军的军情一一指点给晋厉公看。

原本晋军将士们心里忐忑不安，因为伯州犁叛晋投敌，他熟知晋军的虚实，而且楚军人数众多，这场仗不好打。

苗贲皇便向晋厉公提议："虽然楚军人多势众，但有很多杂牌军，比如他们的仆从军郑军，便军力孱弱。所以，楚军能称得上精锐的，只有中军阵中楚王的那部分亲兵而已。大王，不如您分出去一部分精锐，先攻打楚国的左右两军，以迅雷不及掩耳之势吃掉这部分楚军，然后集中兵力，攻打楚王的亲兵。"

晋厉公心里发虚，不禁询问："你确信吗？"

苗贲皇信誓旦旦地说："此事万无一失。"

晋厉公连连点头，心说你离开楚国二十多年，楚国早已物是人非，我信你个鬼。

所以晋厉公吩咐手下的巫师起卦占卜吉凶。巫师奉命行事，解卦说："大王，您占卜的是复卦，这是大吉之兆，您看，卦里说，南方国家萎靡消沉，这一战我们将箭射向他们的国君，并且射中对方的眼睛。依照卦象来看，楚军必败无疑。"❶

晋厉公听到巫师说占卜的结果为吉兆，大喜过望，当即下令，集中晋军的三军兵力，攻打楚共王的亲兵。

不料战争刚一开始，晋厉公便陷入危机。因为在晋楚双方交战的阵地前，有一个大泥沼，所以双方的兵车要从左右两侧绕开这个泥沼。

在鄢陵之战中，晋厉公的车手是郤毅，车右是栾书之子栾针，而栾氏家族和范氏家族❷组成的队伍，则在左右保护着晋厉公的兵车。

换言之，以晋厉公为首，中军将栾书与中军佐士燮的兵车分列左右，晋国最高领导团队都集中在这里。结果晋厉公的战车还没和对方交战，便不幸地陷入泥沼中。

---

❶ 严格来说，复卦并不是大吉的卦象，从卦象上分析，这是中卦。不过周易博大精深，没有绝对的好与坏，不同情形下占卜出来的卦，预示的吉凶都不一样。结合战事的发展来看，晋厉公在战场上并不是一帆风顺，反而出师不利。

❷ 范氏即士燮的家族，士燮因为封于范地，又被称为范文子。

在春秋时期的战场上，主将的兵车陷入泥沼中是非常危险的，原因有两点：第一点，主将的兵车上有战旗和战鼓，相当于战场上的指挥中心。第二点，主将的兵车掉到泥沼中，容易被敌军俘虏，一旦主将被俘，很容易引起溃败。

旁边的栾书见状非常着急，他打算接晋厉公到自己的兵车上来。但是，晋厉公的车右栾针喊道："栾书退开，晋国将中军将的重任托付给你，你不能包办别的事情，况且侵夺他人的职权，是冒犯别人的行为，最后，你过来接大王上车，远离你的部下，这是擅离职守之罪。"

栾针是栾书之子，他直呼父亲姓名，其言行有失偏颇。❶

所谓事急从权，栾书并没有介意儿子的无礼，况且栾针言之有理，因此栾书没有救援晋厉公，而是继续履行自己的中军将之职，率领晋军向前冲锋。

虎父无犬子，栾针也是晋国的一员猛将，他跳下兵车，用蛮力将晋厉公的兵车拖出泥沼。

晋厉公大难不死，必有后福。他在战场上躲过一劫，晋军见状士气大振，奋不顾身向前冲杀。

在鄢陵之战如火如荼地进行时，史书中记载了一件有趣的事情，故事的主角是春秋第一神箭手养由基。

话说在大战开始前，那年六月二十八，楚军将领养由基与潘党二人闲来无事，在营中比赛射箭。他们将堆叠的铁甲放在远处，比赛用弓箭将铁甲射穿，结果二人都可以一箭射穿七层铁甲。养由基与潘党很得意，他们借此事向楚共王炫耀说："大王，您有两个本领这么高强的射手，何愁不

---

❶ 《左传·成公十六年》：鍼曰："书退，国有大任，焉得专之。"

打胜仗?"

想不到楚共王不仅没有夸奖这俩人,反而勃然大怒说:"你们两个只懂射箭而不懂谋略的莽夫,简直是楚国之耻。"

二人被训斥后,也不敢反驳,他们愤愤不平地退去,想要在战场上一展身手,证明自己的能力。

与此同时,晋军将领魏锜在战前做了一个梦,他梦见自己弯弓射月,并一箭中的。不过他在转身后退时,却跌入了泥塘里。

魏锜从梦中惊醒,心里很不踏实,于是他叫巫师占卜梦的吉凶。巫师仔细推演后,告诉魏锜说:"姬姓之国好比是太阳,异姓之国好比是月亮,你梦见自己弯弓射月,说明你射中的一定是楚王。但你射中月亮后,跌落泥塘,恐怕你也会命丧当场。"

在鄢陵战场上,魏锜果然射中了楚共王的眼睛。楚共王大怒,他召唤养由基到身前,交给对方两支箭,并命令他射杀魏锜。

养由基得到一展身手的机会,他张弓搭箭,一箭封喉。魏锜咽喉插着箭矢,栽倒在地,命绝当场。

楚共王眼睛受伤后,楚军在战场上也渐渐落入下风。郤至率兵追击而至,却做出了后人无法理解的举动。

郤至前后三次遇到楚共王,然而他每次都跳下战车,脱去盔甲致敬,随后离去。

楚共王很好奇,便派人前往晋军阵前呼喊询问:"刚才在战斗激烈之时,有个用红色皮革裹腿的人,每次遇到我们楚王便飞快离去,这是一位君子,不知他是否受伤?"

郤至听到呼声,便迎上来接见楚共王的使臣说:"我是晋国之臣郤至，此刻奉命作战。托楚王之福，我没有受伤。因为我铠甲在身，不敢拜见楚王。请您转告楚王，他的慰问让我受宠若惊，两军正在激战，无法拜见他，我只好向您敬礼。"

随后，郤至对楚共王的使者作揖三次，而后离开。

在今天看来，郤至的做派令人匪夷所思，但在春秋时代，郤至的言谈举止，却大有贵族风范，堪称礼乐制度下的君子，因此后人在评价郤至时，称他"勇而知礼"。

然而郤至在鄢陵之战中的言谈举止，为他日后的命运悄然埋下了伏笔。

在晋军之中，类似郤至的将领，大有人在。当楚军败局已定时，他们的仆从军郑军也出现溃败。晋军的韩厥正追赶郑成公的部队，韩厥的车手建议说，郑国国君的车手频频回头张望，不能专心驾车，只要我们加快速度，一定能追上他。

韩厥一听，连连摇头。在礼乐制度中，诸侯与卿大夫有严格的等级区别。此前韩厥在鞌之战中差点俘虏齐顷公，在鄢陵之战中，韩厥不愿意再俘虏郑成公。

恰巧，此时郤至的兵车也在追击郑军，郤至的车右同样建议说："您派侦察兵绕道去前方阻拦郑国国君的兵车，我从后面偷偷登上他的兵车，一定能将他俘虏。"

郤至和韩厥的态度一样，他也把这个建议否决了。郤至说："伤害诸侯国君是有罪的，我们不能再追了。"

尽管如此，郑成公并非安然无事，他随时可能在乱箭中丧生。郑成公的车手石首为了郑成公的安危，不由得建议说："从前卫懿公和狄人作战时，因为不肯收起他的军旗，结果导致卫军在荧泽之战中遭遇惨败，我们不能重蹈覆辙，需要避免这种情况发生。"

随后，石首将郑成公战车的军旗收起来，减少暴露的风险。即便如此，郑成公依然没有脱离危险，郑成公的车右唐苟思来想去，决定李代桃僵，迷惑晋军追兵。唐苟对石首说："你身负驾驭兵车逃命的重任，我没有你重要，所以你留在国君身边，载着国君脱险，我留下来阻击追兵。"

唐苟舍身亡死地阻击敌军，最终战死沙场，为郑成公创造了逃出生天的机会。

随着鄢陵之战深入，楚军败局已定。即使在他们陷入险地后，楚军中的有识之士仍然没有放弃，他们不停地思考扭转战局的办法。《左传》中便记载了楚国勇士叔山冉的所作所为。❶

楚军拥有春秋第一神箭手养由基，叔山冉找到养由基说："我听说在开战前，大王禁止你卖弄箭术，如今楚军有难，事急从权，你必须竭尽全力发挥你的箭术。"

养由基点头应允，他拿起弓箭，射向晋军。养由基在乱军丛中箭无虚发，所射之人无一幸免。

叔山冉压力稍稍缓解，他在养由基的配合下，冲入晋军阵中，奋勇杀敌。史书记载了一个细节，来描述叔山冉的勇猛——他曾经抓起晋军的士兵，向敌方的战车扔过去，并将战车前面的横木打断。

即使在古代，一个成年男子也有百八十斤的重量，叔山冉能将士兵抓起来扔出去，还砸断战车的横木，足以证明他的勇猛。

---

❶ 据说叔山冉是春秋中著名的猛将之一，他也是叔山这个姓氏的始祖。不过除了鄢陵之战，叔山冉极少在史料中出现。

在叔山冉和养由基的反扑下，晋军暂且止住了攻势。楚军主力抓住这一千载难逢的机会，摆脱了敌军的追击。楚共王之子公子茷就没有那么幸运了，他被晋军俘虏。

《左传》一共记载大小战争四百八十七次，其中鄢陵之战是细节最丰富的一场战争。书中甚至记载了一些与战争无关的事情。

当时晋厉公的车右，栾书之子栾针在战场上看见了楚国令尹子重的军旗，他向晋景公请示说："那辆兵车上的军旗属于楚国令尹，我猜测这是令尹子重的兵车。当年我出使楚国时，对方曾经问我，晋国把什么称作勇武？我回答说，兵力雄厚而且军容齐整有纪律，才可称作勇武。对方又追问我，还有呢？我继续回答说，遇事镇定，也可称作勇武。眼下晋楚两军交战，我们却没有派出使臣，这说明我们晋军缺少纪律，而我在战场上又忘了曾经说出的话，这说明我遇事不镇定。为了弥补我的过失，我想请求大王向对方赠酒。"

栾针的提议有理有据，并且符合军礼，因此晋厉公同意了他的请求。栾针便派人将酒送给令尹子重说："我们晋国国君命令栾针担任车右一职，他职责在身，不能分身犒劳您的部下。栾针特地命我送上薄酒，以示敬意。"

令尹子重回复说："栾针先生出使楚国时，曾与我有一番高谈阔论，今日赠酒，必是因为这个缘故，他不愧为君子。"

令尹子重说完，命令手下停止作战，并将酒接过来一饮而尽。直到对方使者回去后，令尹子重才又命人重新击鼓作战。

《左传》对鄢陵之战的记载，看似毫无章法，其实有很清晰的内在逻辑。《左传》除了记载战争过程外，其他的记载都紧紧地扣在礼乐制度的"礼"字上。栾书在面对楚共王和郑成公时，遵从礼乐制度。韩厥面对郑成公，以及栾针面对令尹子重时，都遵从礼乐制度。从这个细节上可以看出，当时的人们深受礼乐制度的影响。

每一个时代，都有独特的价值观，生活在不同时代的人们，身上都有着明显的时代局限性。在读春秋历史时，只有深刻地理解礼乐制度对当时人们的影响，才能更好地还原历史真相。

从清晨开始，晋、楚两军在鄢陵战场上无休止地厮杀，直到夜幕降临，星光闪烁，双方才暂时休战。晋军带着巨大的优势回营，而司马子反身为楚军主帅，对这一战有不可推卸的责任，他为了转败为胜，当晚命令楚军将士说，三军查点伤亡情况，并且补充战士和兵车，修理铠甲与武器，明早鸡鸣时分吃饭，不得有误。

在楚军积极备战的同时，晋军也不敢有丝毫懈怠，苗贲皇为了提振士气，在军营中奔走呼喊说："请诸位将士立刻查点战车，补充士兵，喂饱马匹，磨快刀枪，整顿阵容，巩固阵地，明日早饭后，我希望将士们能够虔诚祷告，以便明天再战时，一举击溃敌军。"

今日楚军全线溃败，士气低落。苗贲皇为了进一步打击楚军的士气，又故意释放部分楚军俘虏。这些俘虏逃回楚军大营，将晋军备战情况上报给楚共王。

事态严重，楚共王不敢大意，他连忙派人召唤司马子反前来军中商议。他万万没想到，司马子反在营中喝得酩酊大醉，不省人事，不能前去参见楚共王。

这件事成为压倒楚军的最后一根稻草，楚共王长叹一声说："主将临阵醉酒，这是天要亡我楚国，我无力回天，只能撤兵。"

于是楚共王连夜撤兵回国。

楚军败退后，晋军顺势占领了他们的阵地，与城濮之战相同，晋军在缴获楚军的军粮后，也开了三天的庆功宴。在一片欢乐祥和的气氛中，上军佐士燮独自一人忧心忡忡，他深思熟虑后，忍不住跑去劝谏晋厉公："大王，您尚且年轻，我们这些臣子又才疏学浅，晋军获得如此巨大的胜利，实在让微臣诚惶诚恐。希望大王您不要骄傲自满。所谓天意难测，只有有德之人才能享受天命，大王，您一定不能骄傲自满。"

士会是参与城濮之战的元老，后来也曾担任中军将一职。士会也参与过多次战争，如今更是稳坐晋国八卿的第二把交椅。这对父子，完整地经历了城濮之战、崤之战、邲之战、鞌之战、麻隧之战以及鄢陵之战等重大战役，二人见证了晋国霸业兴衰的全过程。

自从赵盾专权以来，晋景公曾经进行过权力清洗，可效果不尽如人意，晋国国君解决赵氏一族，栾氏家族和郤氏家族便趁机崛起，晋国卿大夫专权的问题，始终没有得到解决。如果晋国没有外患，那么一定会有内忧浮出水面，因此士燮的顾虑并非毫无道理。

可惜晋厉公被胜利冲昏了头脑，他完全不理会士燮的建议，继续与将士们一同欢庆。这一年是公元前575年，距离晋厉公被弑不足三年时间。

楚共王率军回到楚国境内的瑕城❶，他是一个有担当的国君，一路上，楚共王反思鄢陵之战的得失，最终，他派人对司马子反说："从前楚国的令尹子玉在城濮之战中战败，当时先君楚成王并不在军中，所以城濮之战理应由令尹子玉负责。此次出征，寡人坐镇军中，所以罪不在你，而在寡人。此次战败，寡人将一力承担。"

---

❶ 今安徽省亳州市蒙城县以北。

司马子反听完，大受感动，他跪下拜了又拜，磕头回答："我身为三军主帅，导致楚军战败，这是我的罪责，我不敢推脱。即使国君赐我死罪，我也甘心赴死。"

楚共王宽宏大量，司马子反勇于认错，二人一同勾勒出君臣和谐的感人画面。现实往往更残酷，在鄢陵之战发生前，令尹子重便与司马子反不合。如今楚军败北，对令尹子重来说，或许是一件好事，他派人对司马子反说，当初令尹子玉战败后，自尽谢罪，请你也慎重考虑一下吧。

这句话的目的只有一个，那便是逼死对方。司马子反原本心灰意懒，他回复说，即使先大夫子玉不自尽，你这样问我，我也不会贪生怕死。子反甘愿一死，以告慰楚军阵亡的将士们。

司马子反的意思很清楚，我愿意赴死，但并不愿成就你令尹子重，你无须用令尹子玉作为借口，逼我自尽。司马子反说完，便决绝自尽。

楚共王得到消息后，立刻派人阻止司马子反，可惜迟了一步，等众人赶到时，司马子反已经死去多时考证参见附录7。

很多人认为，鄢陵之战标志着晋国彻底奠定春秋霸业，楚国从此失去与晋国争霸的实力。但实际上，楚共王并没有放弃争霸，甚至在短期内，楚军在军事上也没有处于绝对的劣势。

原因在于，鄢陵之战后，晋厉公大肆提拔身边的宠臣，与此同时，郤氏家族又成为晋国内的庞然大物。一切如士燮所料，晋国的内忧逐渐浮出水面。

⑪ 三郤之乱
——晋国六卿制度的弊病

鄢陵之战时，郑成公被楚共王的风采折服，他放弃左右摇摆的外交路线，从此全面倒向了楚国。甚至在楚军战败后，郑成公依然没有向晋国的霸权屈服，晋厉公为了征服郑国，在同年秋天，召集齐灵公、鲁成公、卫献公、宋国大夫华元以及邾国大夫等人，在沙随会盟，开始商议讨伐郑国之事。

在沙随会盟中，发生了一件小事，这件事淋漓尽致地展现了春秋弱国的悲哀。

当时，晋国大夫郤犨身为公族大夫，他主管晋国与东方诸侯国的事务。鲁国大夫叔孙侨如用重金贿赂郤犨说："我们鲁国的国君想多观察一下局势，等晋楚双方分出胜负，我们再出兵。"

叔孙侨如的言行，表面上是为鲁国谋利，实际上，这件事牵扯到鲁国内部的权力纷争。

自从鲁国权臣东门襄仲去世后，季孙氏、叔孙氏、孟孙氏的三桓之族快速崛起，开始把持鲁国朝政。

叔孙侨如便是出身于三桓之一的叔孙氏，他胆大包天，与鲁成公的母亲穆姜私通。而且叔孙侨如一直想除掉季孙氏与孟孙氏的后人，夺取他们的家产。

在鄢陵之战时，穆姜与叔孙侨如勾结，她指使鲁成公驱逐季孙氏和孟孙氏的后人，鲁成公已经被三桓之族架空，他不愿意得罪任何一方，因此鲁成公只能以晋、楚两国正在交战为借口进行推托。

穆姜非常生气，她指着鲁成公的两个弟弟堂而皇之地威胁说："如果你不想继续做国君，他们二人谁都可以做。"

鲁成公很无奈，他只能加强戒备，防止鲁国发生政变。

在这种情况下，叔孙侨如才想出了借刀杀人之计，他用重金贿赂郤犨，让对方在晋厉公面前诽谤鲁成公。

拿人钱财，与人消灾。郤犨如约在晋厉公面前诽谤鲁成公。晋厉公一怒之下，在沙随会盟中没有召见鲁成公。直到此时，鲁成公才知有小人作祟，挑拨了鲁国与晋国之间的关系。但他一时间也没有好的对策，只能先行回国。

在春秋中后期，众多小诸侯的国君很悲哀，他们内有权臣，外有强敌，那种心酸，当真是如人饮水，冷暖自知。

鲁成公归国后，他决定不惜代价改善与晋国的外交关系，因此鲁成公竭尽全力，参与到伐郑的战争中。

不久后，诸侯联军抵达郑国国境以西驻扎，等待晋军的到来。鲁国大夫子叔声伯为了讨好晋军，不仅派人前去迎接晋军，同时提前为晋军准备伙食。子叔声伯甚至在晋军抵达前，连续四天没有吃饭，而晋军抵达后，子叔声伯等晋国使者吃完，才填饱肚子。这种姿态，可谓卑微至极。❶

晋军此行伐郑，仅仅派出了部分兵力，并由荀䓨统率。由于诸侯驻扎于郑国国境以西，南面是楚国的盟友陈、蔡两国。荀䓨为了防止变生肘

---

❶ 《左传·成公十六年》："子叔声伯使叔孙豹请逆于晋师，为食于郑郊。师逆以至，声伯四日不食以待之。食使者而后食。"

腋，便让齐、宋、卫三军在原地驻扎，向郑国施压，而他自己先率晋、鲁联军攻打陈国。取胜后，荀䓨又继续南下，攻打蔡国，为伐郑之战扫除隐患。

与以往不同，这一次，郑成公的立场非常坚定，他既不愿投降，也不愿坐以待毙，于是他趁诸侯联军分兵作战时，派大夫子罕夜袭齐、宋、卫三军，并将对方一举击溃。

荀䓨得知战况后，不愿意冒险继续伐郑，随后他率晋军北上回国，这场诸侯伐郑之战，最终不了了之。

虽然战事告一段落，但鲁国的权力斗争并没有结束，并且鲁国的权力斗争和晋国的权力斗争发生了小小的共振，由此引发了晋国的三郤之乱。

伐郑失败后，叔孙侨如又派人贿赂郤犨，使者说："鲁国的季孙氏和孟孙氏两大家族，与晋国的栾氏和范氏一样，都是权势滔天。晋国的行政命令都由权臣制定，恕我们不能服从。如果晋国还想让鲁国服从命令，请您拘留季孙行父并杀了他，而我也会将孟孙氏的后人杀了，这样一来，鲁国便在我的掌控之中，我从此必会拥护晋国。"

郤犨为了掌控鲁国，听信了叔孙侨如的话。同年九月，郤犨指使手下拘捕季孙行父。鲁成公得到消息后，大惊失色，他猜到这是叔孙侨如的阴谋，于是派自己的心腹子叔声伯前往晋国救人。

郤犨则说："你们鲁国有季孙氏和孟孙氏专权，我扣留季孙行父，并且帮鲁国除掉孟孙氏的子孙，我对鲁国国君比对我自己的国君都忠诚。"

子叔声伯连连摇头答复："事实并非如此。您一定听说了叔孙侨如与穆姜通奸的丑事。如今我们国君与这二人势不两立，您如果灭了季孙氏和孟孙氏，等同于彻底放弃鲁国，我们鲁国一定会成为晋国的死仇。"

三郤之乱——晋国六卿制度的弊病

郤犨因为收受贿赂，他站在叔孙侨如的立场，对对方说："我帮你谋一块封地，保你荣华富贵。"

子叔声伯果断拒绝说："我只是鲁国的小臣，岂能依靠您来谋取高官厚禄？"

两人不欢而散，不久，士燮也得到了风声，他忧心忡忡地对栾书说："鲁国之事，我们不能任由郤犨肆意妄为，季孙行父在鲁国是两朝元老，而且他勤俭节约，品德高尚，口碑远在叔孙侨如之上。您身为中军将，请您做主。"

栾书是晋国历史上争议最大的中军将之一，他的权力欲极强。近年来，郤氏家族势力与日俱增，他们已经成为第二个赵氏，在晋国朝中形成了以郤锜、郤犨、郤至为代表的新一代权力集团，史称三郤考证参见附录8。

公元前575年，在鄢陵之战结束以后，三郤的权力达到顶峰。当时，晋厉公曾经派郤至向周天子进献在鄢陵之战中取得的楚军俘虏。郤至在周王室大肆夸耀自己的战功。当时周王室的大臣预言，郤至位列晋国八卿的末尾，有七人的官职比他高，郤至却总想着将功劳揽在自己身上，他一定会招惹是非。

更何况，晋厉公是个好大喜功之人，他身为一国之君，在鄢陵之战中御驾亲征。郤至的谈行举止，分明是与领导争功，这是官场大忌。

三郤的所作所为，果然引起了晋厉公、栾书以及晋国其他氏族的不满。而郤犨收受贿赂，干涉鲁国内政之事，也成为晋、鲁两国权力争斗的交叉点。

栾书为了打压郤犨，听从士燮的建议，不仅赦免了季孙行父，更是亲自推动晋国与鲁国的外交关系。

随着晋国的内忧浮出水面,他们对外争霸的雄心减弱不少,这让晋国没有扩大鄢陵之战的胜果。

争霸之事,也如逆水行舟,不进则退。公元前574年正月,郑成公派郑军北上,主动入侵晋国。

长久以来,郑国夹在晋楚之间,一直过着水深火热的日子。晋国不入侵郑国,他们在祭祀时都应该多献上一些祭肉,感谢祖宗的庇护。此时,距离鄢陵之战不足一年,郑国敢北上入侵晋国,这背后,一定有楚国的影子。

反观晋国,他们没有对郑国的入侵迅速做出反应,晋国的一众盟友,比晋国君臣更积极,卫国率先派北宫括率军侵袭郑国❶。

同年夏天,鲁成公会和尹武公、单襄公、晋厉公、齐灵公、宋平公、卫献公、曹成公以及邾国攻打郑国。尹武公和单襄公是子爵国的国君,他们二人在春秋中名不见经传,却被史官排在晋国之前,由此可见,晋厉公对伐郑之事并不重视。❷

面对诸侯联军的讨伐,郑成公将太子与一位郑国大夫作为人质送往楚国,楚国则派公子成和公子寅前往郑国,协助对方防守。如此一来,郑国和楚国的关系更加亲密。

此时,士燮对晋国的局势心灰意懒,他请来一位巫师,让对方诅咒自己早点去世。巫师不明所以,不知道对方的用意。

---

❶ 《左传·成公十七年》:"十七年春,王正月,郑子驷侵晋虚、滑。卫北宫括救晋,侵郑,至于高氏。"

❷ 《左传·成公十七年》:"夏,公会尹子、单子、晋侯、齐侯、宋公、卫侯、曹伯、邾人伐郑。"

士燮解释说："我们国君骄纵奢侈，却在鄢陵之战中战胜了敌人。欲使其灭亡，必先令其疯狂。上天用胜利让国君更骄纵，恐怕晋国将有祸事。我身为中军佐，一定会被卷入其中，只有我早点死去，才能免于祸事，从而保全范氏家族。"

士燮察觉到，晋国上下都被鄢陵之战的胜利冲昏了头脑，他为了保全家族，才甘愿一死。后世无数的历史也证明，一个帝国的崩溃，往往是从内部开始的。

同年六月初九，士燮如愿撒手人寰。

直到此时，晋国才召集诸侯会盟，商量对付郑国之事。与晋国的拖拖拉拉不同，楚共王早已派令尹子重率军北上，援助郑国。

不过时隔一年，晋国却失去了鄢陵之战战胜国的气势，他们在面对楚国与郑国的联军时，主动撤兵回国。

同年冬天，晋国再次组织诸侯们攻打郑国。十月十二日，诸侯联军兵困郑国。楚共王也不甘示弱，他再次派兵北上救援，命楚军驻扎于汝水岸边，伺机而动。

双方僵持了一个月，这场对峙，又一次以诸侯联军撤兵而告终。

公元前574年的一系列军事行动，反映了很多细节。从郑国和楚国的行为来看，楚国在鄢陵之战后尚有余力，他们并不惧怕晋国，而且楚共王与郑成公的关系，也远比历代楚王与郑国国君的关系牢靠。同时，晋厉公身为国君，一反常态，不仅没有对郑国展开严厉的报复，更是在同一年内，两次面对楚国时都主动撤兵。

这最后一个细节，尤其值得深思。

晋厉公即位时，年纪并不大，他是一位骄纵而且权力欲很强的国君。

晋厉公执政后，亲自挂帅，打了两场非常漂亮的大型会战，一是麻隧之战，二是鄢陵之战，可谓拳打秦国，脚踢楚国。

这样一位国君，在面对郑国入侵本土时，却没有大肆反击，这说明背后一定有原因，这便是士燮一直担忧的内患。

晋厉公有很多宠臣，他取得鄢陵之战的胜利后，曾经想罢免所有大夫，然后立身边的宠臣为卿士。❶

很多不得志的人，察觉到晋厉公的意图，开始逢迎晋厉公，其中代表人物便是胥童，他的家族与如今显赫的郤氏家族有着数十年的恩怨情仇。当年郤芮参与谋逆之事，他的阴谋败露后，郤氏家族受到很大的打击。而胥童的祖辈胥臣力排众议，向晋文公极力推荐郤缺，才有了郤氏家族的今天。可以说，胥臣对郤氏家族有着再造之恩。

然而，随着赵盾专权，郤缺将自己的政治生涯与赵盾捆绑在一起，赵氏与郤氏形成了政治联盟。赵盾非常讨厌胥臣之子胥甲，公元前608年，赵盾将胥甲排挤出六卿之列，让胥甲之子胥克接替下军佐之位。

胥克是胥童之父，他从迈入朝堂的第一天起，便受到晋国权贵的打压，郁郁不得志。后来赵盾去世，郤缺接任中军将之位。郤缺没有顾念胥臣当年的恩情，他以胥克有蛊疾为由❷，将对方赶出晋国朝堂，随后郤缺又

---

❶ 《左传·成公十七年》："晋厉公侈，多外嬖。反自鄢陵，欲尽去群大夫，而立其左右。"《左传》中的"外嬖"一词，常常指代宠臣。在描述晋献公的宠臣梁五和东关五时，《左传》便用了"外嬖"一词。晋厉公执政数年，没有子嗣留存，而他又多外嬖，所以晋厉公的性取向，值得深思。

❷ 《左传·宣公八年》："晋胥克有蛊疾。"杜预注："惑以丧志。"一说蛊，通"痼"。久病。俞樾曰："蛊，当读为痼，久病也。"命其罢官，令安排赵盾之子赵朔为下军佐，胥氏衰落。胥克从此成为世界上第一个"被精神病"的人。

将胥克的下军佐之位安排给赵盾之子赵朔。

从此，晋国六卿之中，再无胥氏家族之人。

胥童的父亲被郤缺排挤，他自然对郤氏家族心生怨恨。恰逢晋厉公想要对郤氏家族动手，于是胥童将陈年旧怨翻出来，大肆宣扬。晋厉公得知后，便扶持胥童打压郤氏家族。

除了胥童以外，晋厉公还扶持了其他人。比如郤锜抢夺了夷阳五的土地，夷阳五便得到晋厉公的宠幸；再如郤犨曾经和长鱼矫争夺土地，郤犨不仅将对方囚禁，更将长鱼矫的父亲以及妻子绑在车辕上羞辱。晋厉公得知长鱼矫的遭遇后，也对长鱼矫宠幸有加。

在那段时期，凡是与郤氏家族有仇之人，都受到了晋厉公的青睐。

与此同时，晋国当朝中军将栾书，也想对郤氏家族动手。栾书同样权力欲极强，而且有着睚眦必报的性格。在晋、楚鄢陵之战时，郤至得罪过栾书，栾书谋划着撤掉郤至的职位。他思来想去，终于想出一条毒计。

郤至曾在战场上对楚共王恭敬有加，也得到了楚共王的赏识，而晋军又俘虏了楚共王之子公子茷，并在战后将公子茷带回晋国。按照礼乐制度，晋厉公没有将公子茷扔进大牢，反倒对他礼遇有加。

栾书偷偷联络公子茷，他授意对方在晋厉公面前诬陷郤至通敌。二人一拍即合，他们串通口供后，便准备伺机行动。

终于有一天，公子茷寻觅到良机，他对晋厉公说："大王，我已经在晋国住了不少时日，您对我非常好，我无以为报。有件事，我在心里憋了很久，不知道该不该告诉您。"

晋厉公见公子茷欲言又止，便让他坦诚相告。

公子茷诚恳地说："在鄢陵开战前，郤至曾派人给我父王送信，他说齐国、鲁国等诸侯的援军还没有到，晋国将领之间又存在很大分歧，拿不定主意。只要楚军开战，晋国必败无疑。等晋军兵败归来，郤至便会趁机废掉国君您，然后去周王室接回孙周。到时候，他拥立孙周成为晋国国君，而他则可以做一个摄政的权臣。"

公子茷说完，晋厉公惊出一身冷汗。公子茷口中提到的孙周，又名姬周。这人是晋襄公的曾孙，依照辈分，他也是晋厉公的侄子。鄢陵之战发生时，孙周不过十岁左右，郤至想要扶持孙周做晋国国君，明显是欺负对方年幼，方便他操控。

更重要的是，晋厉公没有子嗣，这是一个国君的致命缺点。

公子茷正中晋厉公的软肋，因此晋厉公更加忌惮三郤，他立刻派人找来栾书，将公子茷所说的话，一一复述给对方听。

栾书装模作样听完，假装忧虑地说："这件事恐怕不假。事关重大，大王，您不如派郤至去周王室，借此查看他与孙周之间的关系。"

晋厉公顿觉有理，他采纳了栾书的建议，派郤至出使周王室，并派探子在暗中监视对方。栾书早有对策，他派人与孙周接洽，并偷偷安排孙周与郤至会面。探子将此事上报给晋厉公，晋厉公不再怀疑，他对郤至起了杀心。

郤至对此毫不知情，他自恃在鄢陵之战中居功至伟，平日里的行事作风嚣张依旧。

刚巧，同年夏天，晋厉公组织群臣外出狩猎。郤至射杀一头野猪，他本想将野猪献给国君邀功，没想到晋厉公身边的寺人孟张率先冲了出去，将这头野猪夺过来，抢先献给国君。

郤至见状，不由得怒从心中起，他当即张弓搭箭，将对方一箭射死。

晋厉公对郤至长久以来的不满集中爆发，他当场怒斥说："郤至，你眼里还有我这个国君吗？实在是欺人太甚。"

所谓打狗还要看主人，郤至倒好，直接将狗杀了，杀的还是国君的狗，他的所作所为，在遵从礼乐制度的春秋时代，无异于大逆不道。

狩猎归来，晋厉公下定决心，除掉郤氏家族。他的宠臣胥童察觉时机成熟，推波助澜地怂恿晋厉公说："大王，三郤行事嚣张，招惹了众多晋国贵族，您若是动手的话，一定会得到很多人的支持。"

这番话，说到了晋厉公的心坎上，公元前584年十二月二十六，晋厉公命令胥童和夷阳五率领八百甲士，兵困郤氏家族府邸。

以郤氏家族"其富半公室，其家半三军"的实力而言，凭借区区八百甲士想要诛杀三郤，无异于以卵击石。这场草率的行动，却因为礼乐制度对人们的影响而有了戏剧性的发展。

三郤被围困后，郤氏家族的族长郤锜决定反攻。他说："纵使我身首异处，国君也别想全身而退。"❶

郤至反对说："人生在世，以'信''智''勇'三字立足于天地。信者不能背叛国君，智者不能残害百姓，勇者不能挑起祸端。如果失去'信''智''勇'，我们将众叛亲离，死后更会被后人唾骂。君要臣死，臣不得不死。若我们有罪，那苟活至今已是幸事。若我们无罪，那国君杀害无罪之人，他将失去民心，从而失去晋国的安定。我们身负国君赐予的权位，才有了郤氏家族的今日成就。如果我们借此对抗国君之命，无异于罪孽深重。因此，我们只能听从国君之命。"

郤锜听完，默不作声。

---

❶ 《左传·成公十七年》："郤氏闻之，郤锜欲攻公，曰：'虽死，君必危。'"

尽管三郤权势滔天，但他们的价值观具有时代性，与后人截然不同。郤至最终说服另外两人，使他们放弃了反攻计划。

胥童与夷阳五并不愿放过三郤，他们准备率兵强攻。此时，长鱼矫将二人拦下说："郤氏家族在朝中树大根深，我们不能兴师动众，应该智取。"

在众人商议对策之际，晋厉公担心事情有变，他又加派清沸魋前来增援。

长鱼矫心生一计，他和清沸魋抽出兵器系到衣襟上，二人在郤氏府邸门前假装争吵。他们一个唱红脸，一个唱白脸，唱红脸的那个人，不停地为郤氏家族辩解。

三郤不愿谋逆，他们在府中看到这一幕，便误以为事情有转机。于是三郤将长鱼矫和清沸魋请入府中，打算与对方商议和解之策。

五人刚落座，长鱼矫趁对方不备，将郤锜和郤犨杀死。郤至此时方知中计，只能落荒而逃。

长鱼矫为了斩草除根，在后面步步紧逼，终于追上郤至，将他杀死。

三郤伏诛后，晋厉公将他们的尸首陈列在朝堂之上，以震慑朝中群臣。与此同时，晋厉公又派人将郤氏家族赶尽杀绝，至此，一个经营近百年的晋国望族，最终灰飞烟灭。

郤氏家族迅速垮台，并没有结束晋国的权力之争。晋厉公曾经想罢免众大夫，胥童作为宠臣，揣摩出国君的心思。于是胥童又将矛头直指栾书和荀偃二人。在这乱世之秋，一场更大的风暴，开始席卷晋国朝堂。

12 晋厉公之死
——纵虎归山的后患

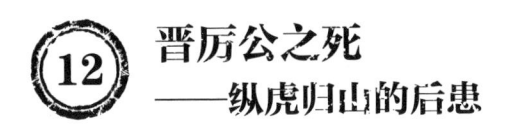

三郤覆灭后,胥童更受到晋厉公的青睐,为了攫取更大的权力,胥童甚至没有请示晋厉公,他兵行险招,率领甲士,在朝堂上将栾书与荀偃两位晋国重臣劫持。

栾书一生追求权力,他在铲除赵氏家族和郤氏家族的历史事件中,都起到了至关重要的作用。况且栾书身为中军将,他是胥童权力之路上的绊脚石。

晋厉公对这一变故错愕不已,而长鱼矫却怂恿晋厉公说:"大王,栾书与荀偃二人权倾朝野,如果您不杀了他们,日后必会祸患无穷。"

晋厉公的确想废除晋国的群大夫,但这件事要徐徐图之,步子不能迈得太大。此时此刻,郤氏三卿正陈尸于朝堂之上,中军将栾书和上军将荀偃又被胥童缉拿。晋国八卿之中,有五人卷入了这场风暴。而远在南方的楚共王,依然对晋国霸业虎视眈眈。

如果晋厉公贸然杀掉栾书与荀偃,会让晋国陷入更大的动荡中,也会给楚国留下可乘之机。

最终,晋厉公决定暂时放过栾书与荀偃。

放虎归山,必成大患。长鱼矫心知大势已去,他长叹一声,放弃唾手可得的荣华富贵,果断向晋厉公请求归隐。

历史上因贪权而死的人,比比皆是。能抵御荣华富贵的诱惑,选择急流勇退的人，却少之又少，长鱼矫便是后者。他原本是晋厉公的宠臣，而且他一人杀了郤锜、郤犨、郤至三人，立下不世之功。晋国八卿出现空缺，他只要留在晋国，飞黄腾达，指日可待。

可偏偏长鱼矫选择了归隐。

晋厉公急于稳定朝堂，便同意了长鱼矫的请辞，又派使臣前去安抚栾书与荀偃二人。使臣说："大王只想讨伐郤氏，如今郤氏已经伏诛，这期间的误会也一笔勾销。希望二位不要将被劫持的事情放在心上。大王已将你们官复原职，未来晋国的国事，还要倚仗二位，请二位勤加勉励。"

栾书和荀偃听完，当场下跪磕头说："大王讨伐有罪之人，更赦免下臣死罪，这是大王对我们的恩德，我二人誓死不忘大王的恩德。"

随后，晋厉公又提拔胥童成为八卿之一，在晋景公的计划中，他要先稳定晋国政局，培养亲信，最后再对其他大夫动手。

栾书和荀偃都是在朝堂上摸爬滚打多年的重臣，他们看穿了晋厉公的心思。二人不甘心引颈就戮，不久后，他们也发动了一场政变。

公元前574年冬天，晋厉公去宠臣家做客，栾书和荀偃两人合谋，趁机将晋厉公抓了起来。

回想几个月前，他们曾说，自己将誓死不忘晋厉公的恩德。如今看来，这句话更像是一句反话，抑或是一种讽刺。

随着晋厉公被俘，晋国的局势变得更加微妙。史书记载，三郤伏诛后，仅有胥童一人跻身八卿之列，栾书与荀偃发动政变之时，晋国朝堂上还有三位重臣，分别是上军佐韩厥、下军将荀罃，以及新军佐士匄。

荀罃与荀偃是同一个家族的不同分支，荀偃即中行氏，荀罃则为智氏。在当时，中行氏的实力远强于智氏，智氏家族对中行氏唯命是从。

12 晋厉公之死——纵虎归山的后患

如此一来，韩厥与士匄的态度便十分重要。

事发之后，栾书和荀偃先找到士匄，游说他参与政变。士燮对内乱早有预言，他正是为了能独善其身才辞去官位的。士匄身为士燮之子，深谙自保之道，他当场谢绝说："我不过是一个不入流的卿大夫，才疏学浅，没有能力参与其中。"

紧接着，栾书和荀偃又找到韩厥，希望对方支持政变。韩厥拒绝得更干脆，他说："我曾经在赵氏家中长大，赵盾对我来说，如同再生父母。后来赵庄姬诬陷赵氏一族时，我可以忍住，不出兵参与其中。现在，我更不可能出兵。退一步说，您二位敢囚禁国君，又怎么会在乎我的态度？"

栾书和荀偃见二人选择袖手旁观，他们又喜又忧，喜的是少了阻碍，忧的是缺乏支持。二人担心夜长梦多，在这一年冬天，他们对胥童动手，将对方杀死。❶

在胥童死后的第六天，即鲁成公十八年的周历正月初五，栾书和荀偃一不做二不休，他们派心腹程滑杀了晋厉公。众人仅仅用一乘葬车收敛晋厉公的尸体，将他葬在翼城的东门之外。

数百年前，周公在制定礼乐制度时，曾对诸侯国君的葬礼做出了明确的规定，出殡葬车的数量应为七乘，而且诸侯国君去世后，他们的遗体需要在宗庙中停灵治丧五个月，才可以下葬。

---

❶ 《春秋》在此记载："晋杀其大夫"。这是春秋史官对胥童的批评，晋厉公以三郤失民心而清除郤氏家族，这件事并没有做错，可胥童借机抓捕栾书和荀偃，这有引诱国君作乱的嫌疑，因此，春秋史官才会对胥童持批评的态度。此外，长鱼矫作为诛杀三郤的首功之臣，能够急流勇退，从而保住了自身性命，他对局势的洞察，比胥童更透彻。

自从晋武公代翼成功后，晋国的宗庙便是曲沃的武公庙，无论是国君即位、治丧还是祭祀等仪式，都需要在武公庙中举办。

想当年，晋文公回国时，他先去武公庙祭祀，然后才即位成为国君。而晋文公去世时，他的遗体则是从绛城运往曲沃，而后殡于曲沃。

反观晋厉公，他不仅只有一乘葬车收敛尸体，也没有举办停灵治丧的仪式，甚至他的尸体都没能运回曲沃的祖庙中，只是草草在城门外的荒郊下葬。这位身有赫赫战功的国君，结局却是出人意料地凄惨。

公元前573年初春，晋国群臣们胆战心惊，惶惶不可终日，谁也不知道这场风暴何时能够结束。前有三郤被杀，后有国君被弑，韩厥和士匄又明哲保身，任由谁置身这种政局中，都会胆战心惊，如履薄冰。❶

国不可一日无君，而晋国公室一向血脉稀薄，此时，最适合继承国君之位的人，便是晋襄公的曾孙——孙周。

孙周生于公元前586年，他是晋襄公的曾孙。晋襄公去世后，晋灵公即位，当时赵盾专权，孙周的祖父桓叔捷便逃到成周雒邑，并在那里开枝散叶。

如今晋厉公已死，而且没能留下子嗣。因此，栾书和荀偃决定扶立孙周为国君，他们派荀罃和士鲂二人，前往成周雒邑，迎接孙周归国即位。

此时孙周年仅十四岁，晋国又刚刚经历一场大风暴，对栾书和荀偃来说，他们可以将孙周作为傀儡，进而把持晋国朝政。对楚共王来说，这是

---

❶ 晋国政局动荡，这对楚国来说，是北上争霸的好契机。可是，在栾书与荀偃发动政变之时，舒庸和吴国联兵，入侵楚国，他们当时攻入今安徽省巢湖市附近。楚共王命公子橐率兵反击，最终楚军灭了舒庸。

夺取晋国霸业的天赐良机。

然而，谁都不曾想到，这位十四岁的少年，是一位天纵奇才，随着他登上历史舞台，晋楚争霸翻开了新的篇章。

13 天纵奇才
——晋悼公力挽狂澜

孙周随使臣回国时,受到了晋国大夫们正式而隆重的迎接。大夫们前往距离国都百里外的清原❶等待孙周的到来。

孙周抵达后,并没有急于随群臣回国都,而是在清原当众发表了一段惊才艳艳的演讲。

孙周说:"我没有想到自己会成为晋国国君,现在到了这一步,应该是上天的旨意。晋国不可一日无君,然而人们需要国君,是为了让他发布命令,也是为了让他率领晋国继续强大。假如我成为国君后,群臣并不服从我的命令,那还要我这个国君做什么?诸位,你们若是拥立我成为国君,便必须恭敬地服从我的命令,至于你们如何决定,请在今日之内,给我答复。"

晋国群臣万万没想到,这个十四岁的少年如此老练成熟,他已经对晋国的局势有了深刻的理解。孙周的言外之意,便是"我可以做国君,但我不能做傀儡。你们如果不答应,这个国君我不做也罢"。

众人被这个少年的气势震慑,他们面面相觑。如今晋国已经乱成一锅粥,除了让孙周即位,别无选择。于是大夫们众口一词回答说:"让您做国君是群臣们的心愿,我们一定对您唯命是从。"

---

❶ 今山西省运城市稷山县附近。

公元前573年正月十五日，孙周与群臣们立下盟约后，才进入国都，此时距离晋厉公被弑，仅仅过了十天。同年正月二十六日，孙周前往曲沃城，祭拜武公庙，并正式即位，史称晋悼公。

那一天，晋悼公再次做出惊人之举，他当场放逐了七个不合臣道的大臣。

所谓不合臣道的大臣，是指以夷阳五和清沸魋为首的晋厉公时代的宠臣。晋厉公宠臣众多，如今胥童已死，长鱼矫外逃，史书上提及姓名之人，唯有夷阳五和清沸魋两人。

晋悼公的举动，一来可以消除晋厉公留下的隐患；二来能够震慑群臣，树立威信，可谓一举两得。

同年二月初一，晋悼公进入朝堂，开始执掌晋国朝政。这一天，晋悼公发布数条新政，一扫朝纲不振的颓势，让晋国焕然一新。

晋悼公新政被详细记录在《国语·晋语》中，细节共有八条。

第一，向百姓施舍财物，免除百姓的债务。

第二，照顾鳏寡孤独之人。

第三，启用被废黜和怀才不遇的贤良臣子。

第四，救济贫困，援助受灾百姓。

第五，减免税收。

第六，减轻刑罚，宽恕有罪之人。

第七，勤俭节约。

第八，不得侵犯农时❶。

自晋景公时代开始，晋国为了挽回在争霸中的劣势，他们发动了不

---

❶ 晋国在农忙之时，不得出兵征战。

少战争，从郲之战到鞌之战，从麻隧之战再到鄢陵之战，以及征讨赤狄部落等战争，让晋国百姓疲惫不堪。晋悼公新政的目的，便是让晋国休养生息，提升国力。

随着晋悼公即位，晋国群臣中有一个人的命运，悄悄发生了变化。他便是晋国中军将栾书。

后人很难对栾书做出准确的评价，此时，他身为三朝元老，一生征战无数。栾书打败过秦、楚两强，灭赵、郤两族，弑杀一君，扶立一君。纵观栾书执政的十四年，淋漓尽致地展现了他能力卓绝、作风强硬的特征。

在栾书扶立晋悼公之前，他未曾不想复刻赵盾的权臣路线。当年赵盾扶立晋灵公，他将年少的国君当作傀儡，进而把持朝政多年。如今晋悼公也不过是个十四岁的少年，很适合做傀儡。

不料，晋悼公与晋灵公完全不同，这个少年有着常人难以想象的才华。晋悼公回国后，他的所作所为，从来没和栾书商量过。栾书有着睚眦必报的性格，而且他的权力欲极强。这样一位权倾朝野的重臣，必然会与少年老成的国君，产生一番权力的争夺。

可惜史书中没有正面记载二人争斗的过程，留下了一个千古谜团。

晋悼公即位前，祖上三辈一直生活在成周雒邑，他在晋国的根基很浅。而栾氏家族一直在晋国繁衍生息，栾书又执掌晋国中军将多年。这两个人的实力并不对等。

此时，晋悼公有两个立场，一来他不想成为傀儡，二来他想让晋国变得强大。栾书也有两个立场，一来他想将晋悼公变为傀儡，二来他也想让晋国变得强大。

尽管栾书为了攫取权力不择手段，但不能否认，他做很多事情的初衷都是使晋国变得强大。正是这个共同立场，让晋悼公有了机会。

晋悼公率先在清原表明立场，他不想做傀儡。这个先声夺人的举动，打乱了栾书的计划，栾书只有两条路可以选择，要么废黜晋悼公，要么先答应晋悼公，然后找机会控制晋悼公。

当时晋国的政治环境很动荡，先君晋厉公被弑杀，八卿之中过半大夫殒命，即郤锜、郤犨、郤至以及胥童。楚国与郑国又对晋国虎视眈眈，仅仅一年前，郑国居然敢出兵入侵晋国本土，可见晋国并非高枕无忧。对群臣来说，如何将晋国安定下来，才是首先要考虑的事情。

如果栾书选择第一条路，那么晋国的内乱不知何时会停止。晋悼公正是看中这一点，才敢剑走偏锋，逼晋国群臣与他订立盟约，进而将主动权掌握在手中。

晋悼公老练成熟的地方在于，他并没有轻信群臣在清原签订的盟约。毕竟没有实力支撑的盟约，不过是一张废纸。晋悼公最大的劣势，在于他执政根基不稳。

为了扭转这个劣势，晋悼公在入朝的第一天，便对晋国群臣说："晋国的内斗太厉害，长此以往，大夫们人人自危。想当年，先君文公复国时，六卿五贤臣，可谓人才济济。而如今，狐偃的后人流亡他国，赵衰的后人险些绝嗣，郤缺的后人几个月前惨遭灭门。诸位卿大夫都是我晋国的肱股之臣，少一个都是晋国的损失，希望众人以后能和睦相处。如今八卿中有四个空缺，我提议，这次我们不再论资排辈，而是以大夫们的功劳来分配。魏锜在邲之战中辅佐荀首，并俘虏了楚王之子，射杀了连尹襄老，他在鄢陵之战中又射瞎楚王，功不可没。但他的后人居然没有人位列八卿，我们要留一个位置给他的后人。当年士会作为中军将时，将晋国治理得井井有条，他的儿子士燮执政后，事必躬亲，无愧于晋国。士鲂是士燮的弟弟，看在士会父子二人的功劳上，士鲂应该位列八卿。此外，先君敬公征讨赤狄时，秦人趁我们不备，出兵偷袭晋国。魏颗临危之际，领兵出征，他力挽狂澜击退秦军，这个功劳不小，他的后代也应该位列八卿。"

晋悼公提到的三人，士鲂是前往成周雒邑迎接他回国的使臣之一，而魏锜和魏颗二人都是魏犨的后人。魏氏家族没落后，随着时间的流逝，魏犨的后人逐渐崭露头角。此后，魏锜被封在吕地，他的后人以吕为姓，而魏颗则被封在令狐，他的后人便以令狐为姓。

在晋国八卿中，栾氏、荀氏、韩氏等氏族已经执掌朝政多年，晋悼公拉拢他们的难度很大，而晋悼公提拔魏犨的后人，这是魏氏一族难得的机会，他们极有可能向晋悼公投诚，从此成为晋悼公的心腹。

这便是晋悼公的用人之道，而后世新帝登基时，也大多会出现一朝天子一朝臣的现象。

晋悼公扶持新人后，晋国八卿出现了明显的派系之分，中军将栾书、中军佐荀偃以及上军佐荀䓨关系密切，可以称作弑君派。上军将韩厥与下军佐士匄在政变中明哲保身，可以称作为中立派。而下军将吕相❶、新军将士鲂以及新军佐令狐颉❷，是晋悼公一手提拔的，可以称作国君派。

如此一来，晋国八卿之间形成了一个微妙的平衡，尽管栾书和荀偃依旧占据八卿头两把交椅，可是晋悼公提拔的三个新人，也分散了他们的权力。

此外，晋悼公还提拔了大量新人进入晋军任职。随着新鲜血液的涌

---

❶ 魏锜之子。

❷ 魏颗之子。

入，栾书和荀偃手中的权力，也进一步被稀释。

值得称赞的是，晋悼公处事分寸极佳，他公布官员名单时，又宣布立栾黡、荀家、荀会以及韩无忌四人为公族大夫。他用这一封赏，同时向栾氏、荀氏、韩氏三大家族示好，以减少自己用人的阻碍。

诡异的是，在晋悼公颁布令人眼花缭乱的新政时，中军将栾书却一反常态，他没有进行任何阻挠。更诡异的是，在晋悼公即位的第一年，栾书便莫名其妙地从史书中消失了。

《左传·成公十八年》中记载："冬十一月，……韩献子为政，……"也就是说，公元前573年十一月，韩厥取代栾书，成为新一任晋国中军将。

以栾书的性格和手段，他不会甘心隐退，而且栾书也不像被晋悼公所杀，因为他的两个儿子栾黡和栾针，在晋悼公执政期间很活跃，他们在晋军中的地位也不低。更重要的是，史书上从未出现关于二人想要替父报仇的记载。

由于史料缺失，栾书的下场究竟如何，真相扑朔迷离。总之，在晋悼公即位的第一年，栾书这位铁腕政客，为后人留下一个千古之谜后悄然无声。

尽管栾书的离去略显仓促，但晋国持续数年的乱象终于结束。晋国君臣们也开始了新的征程。

14 晋国复霸
——年少之主征战中原

公元前573年七月，宋国出兵攻打徐国的彭城。徐国在史书中的存在感不高，宋军兵困彭城，本不应该掀起太大的波澜，毕竟春秋时代发生过无数战争，很多战争不了了之，史官们也没有记录。

可是这场战争，却被郑重其事地记录在案。因为它牵涉到晋楚争霸的局势。

鄢陵之战结束后，春秋发生了很多大事。郑国入侵晋国本土，随后郑国和楚国交换质子，两国结成同盟。同一年，晋厉公诛杀三郤，栾书和荀偃又政变弑君。不久后，晋国十四岁新君晋悼公即位，栾书莫名消失。晋楚争霸的形势，并没有因为鄢陵之战而发生扭转。

这是宋国伐徐的背景。

对楚国来说，郑楚联盟比以往任何时候都牢靠，只要楚国将宋国纳入势力范围，楚共王便有机会重现楚国霸业。

因此，同年冬天，楚共王以救援徐国的彭城为借口，派令尹子重率军北上，攻打宋国。

宋国大夫华元得知军情后，知道楚国意图不轨。华元片刻不敢耽搁，立刻前往晋国求援。

这一年十一月，韩厥已经成为晋国中军将，他上谏晋悼公说："想得到诸侯们的拥护，必先援助他们。大王您刚刚即位，若要晋国成就霸业，安定疆土，不如从宋国开始。"

晋悼公年少有为，他行事果决，听从了韩厥的建议，亲自率军援助宋国。晋、楚两军狭路相逢，楚军没有与晋军正面交锋，令尹子重便率军退走回国。

战争仍在继续，同年十二月，晋悼公联合中原诸侯举行会盟，他计划出兵帮助宋国戍守国境。宋国辞谢晋悼公的好意，他只请求晋悼公率领诸侯联军包围彭城。晋悼公同意后，晋军继续挥师南下。

一个多月后，即公元前572年正月，诸侯联军兵困彭城。彭城守军面对强敌，无力对抗，他们只能乖乖投降。随后，晋军将彭城的五位大夫带回晋国。

宋国借助晋国之力，先退楚军，后取彭城，晋宋两国的关系更上一层楼。

彭城之围时，齐国却没有出兵与诸侯们会合。当时晋悼公仅仅即位一年，他在外人眼中，不过是个十五岁的少年。少年国君会面临一个很现实的困扰，那便是难以服众。晋悼公第一次联合诸侯对外征战，齐国便爽约，这是对晋悼公权威的挑战。如果晋悼公不严惩齐国，会导致人心散漫，并对晋国霸业产生不利影响。

晋悼公取得彭城大捷后，又立刻率兵讨伐齐国。同年二月，齐国投降，时任国君齐灵公将齐国太子光送往晋国做人质。晋悼公的伐齐之战，颇有打得一拳开，免得百拳来的意味，而他强势的作风，也让诸侯们不敢再轻视这位少年。

仅仅三个月后，同年五月，晋悼公便将目光放在了郑国。近年来，郑国与楚国结盟，共同对抗晋国。伐郑是晋国必然的选择，晋悼公命韩厥、荀偃二人，率领诸侯联军南下攻打郑国。

联军以雷霆之势，在洧水河畔横扫郑军步兵❶，随后联军驻扎于鄫地，等待晋悼公的到来。很快，晋悼公率增援部队抵达，他兵分两路，命诸侯联军继续南下，侵袭楚国的焦、夷两地，以及楚国的盟友陈国。❷晋悼公与卫献公则驻扎在卫国的戚地，以作后援。❸

这是晋楚争霸以来，晋国第二次入侵楚国的本土。

楚共王与郑成公关系密切，而且楚国与郑国也不甘示弱，他们很快做出了反击。同年秋天，楚共王派右尹子辛率军侵袭宋国❹，与此同时，郑成公也派郑军配合楚国的军事行动。

楚军与郑军双管齐下，楚军入侵宋国的吕、留两地❺，郑军入侵并攻占了犬丘❻。

犬丘距离宋国都城商丘仅一步之遥，如果楚军与郑军在商丘会合，将会给宋国带来极大的压力。

次年春天，楚、郑两国攻势不减，楚共王命郑军继续侵袭郑国。❼

恰巧此时，又发生了意外——郑成公身患重病。

郑成公执政后期，在外交上坚定地倒向了楚国，即使楚军在鄢陵之战中败北，也没有改变郑成公的立场。随着郑成公病重，朝中群臣们却有了

---

❶ 今双洎河，源自河南省登封市，向东流入贾鲁河。
❷ 焦、夷两地在今安徽省亳州市附近。
❸ 戚地在今天河南省濮阳市南面，距离卫国国都濮阳很近，而且与宋国隔江相望。
❹ 子辛是楚穆王之子，他与令尹子重以及司马子反同是楚共王的叔叔。公元前572年伐宋救郑时，子辛官职为楚国右尹，不久后，便升为令尹之职。
❺ 吕地、留地位于今江苏省徐州市，留地更偏北面。
❻ 犬丘位于今河南省商丘市永城西北。
❼ 《左传·襄公二年》："二年春，郑师侵宋，楚令也。"

其他的打算。

大夫子驷向郑成公劝谏说:"晋国因为我们亲楚,才不断地攻伐我们,甩掉楚国这个包袱,投靠晋国,便可以让敌军退兵。"

大夫子驷不仅是郑国的三朝元老,他身上还有着郑国国君的血脉。他的父亲是郑穆公,以辈分而论,郑成公需要恭敬地称他一声叔叔。

可郑成公却没有同意大夫子驷的劝谏,他回答说:"楚国国君当年为了救郑国,与晋国大打出手,甚至他的眼睛也被人射中。正是寡人造成了这一切后果。如果我们郑国背信弃义,抛弃楚国,天下之大,哪里还有郑国的立身之地?寡人不想遗臭万年,这件事,你们要听从我的命令。"

可惜,郑成公一病不起,同年秋天七月初九,他不幸病逝。福无双至,祸不单行,晋悼公没有伐丧不祥的意识,正当郑国国丧之时,晋悼公派荀罃率领晋、宋、卫三国联军伐郑。

在这危急关头,郑成公的三位叔叔,挑起了郑国的重担。大夫子罕主持国事,大夫子驷处理政务,大夫子国担任司马,三人齐心协力,稳定了郑国的局面。

郑国仍然有不少人主张向晋国投降,换取晋军退兵。大夫子驷遵从郑成公的遗命,他说:"先君临终前曾向我交代,郑国不能背弃楚国,我们必须坚持下去。"

在大夫子驷的坚持下,郑国群臣依照先君的遗命,继续与晋国周旋。

这场无休无止的战争,持续了近两年。晋军统帅荀罃见郑国迟迟不肯投降,他召集齐、鲁、宋、卫、曹、邾等诸侯前来商议对策。可是这一次,齐国又没有派人参加,甚至齐国附近的小诸侯们也都没有到场。

鲁大夫仲孙蔑提议,在虎牢修筑城池,以此逼迫郑国投降。

虎牢即郑国的制城，这里是成周雒邑的东边门户和重要关隘，虎牢南连嵩岳，北濒黄河，山岭交错，自古便是兵家必争之地。当年郑伯克段于鄢时，武姜曾经向郑庄公讨要制城，郑庄公毫不犹豫地拒绝了武姜。由此可见，当时的人们已经意识到制城的战略意义。

又因为虎牢位于黄河以南，如果晋军占据虎牢修筑城池，虎牢将成为晋军南下的跳板，会对郑国造成极大的威胁。

荀罃是著名的战略家，他也十分看重虎牢的战略意义。不过荀罃仍有顾虑，他对众人说："齐国两次缺席晋国的会盟，在齐国带动下，周围的小诸侯也敢不参与晋国的会盟。我们晋国国君不仅忧虑郑国，更忧虑会盟之事。我将向晋国国君汇报此事，同时，也会再给齐国一个机会。如果齐国乖乖听话，我们便按照计划行事，共筑虎牢城。如果齐国不肯服从命令，我要先讨伐齐国。"

荀罃在会盟上的话，很快传到齐国。齐国权臣崔杼立刻端正态度，摆明立场。同年冬天，崔杼率滕、薛、邾三国的大夫们，积极参与到晋国会盟中。

如此一来，万事俱备，诸侯们在荀罃的主持下，开始修筑虎牢城。

郑国群臣很清楚荀罃筑城的用意，虎牢城完工之日，便是郑国噩梦开始之时。届时，虎牢城将成为悬在郑国头上的一把利刃。

而郑国最强大的盟友楚国，对此却有心无力，一是虎牢在晋、郑边境，楚国鞭长莫及；二是诸侯齐聚虎牢，楚军也没有必胜把握；三是楚国内部不和，隐患层出不穷。❶

---

❶ 鄢陵之战时，令尹子重与司马子反不合，司马子反去世后，楚国右司马公子申又与令尹子重与右尹子辛不合，而且这三人都非常贪财，经常欺压小诸侯国。在荀罃修筑虎牢城的同一时间，楚国内斗正酣，公子申威逼令尹子重和右尹子辛二人，楚人将公子申杀死。

郑国孤立无援，只能抛弃楚国。公元前571年，郑国向晋国请求和谈，他们再次倒向了晋国的阵营，至此，这场旷日持久的战争告一段落。

晋悼公即位不到三年，这位少年国君却通过征战中原，取得了救援宋国、平定齐国、收服郑国等一系列成就，一扫晋厉公时代政局动荡的颓势，他让晋国霸业再次复兴。

15 鸡泽会盟
——晋楚争霸的新时期

相比于晋悼公在中原高歌猛进，楚共王在争霸之事上，越来越被动。郑成公的死以及郑国投晋，让楚共王多年的布局付诸流水。此时楚国有两大心腹之患：一是晋国复霸的势头难以扼制，二是东南地区崛起的吴国，也让楚国投鼠忌器。

郑成公去世以及荀罃主持修筑虎牢城，这两件事相继发生，让郑国在外交上无可避免地倒向晋国。楚共王一时间无力北上，只能将目光放在东南地区的吴国。

公元前570年，楚共王命令尹子重率军东征，攻打吴国。

吴国兴起不足二十年，此前他们趁楚军北上偷袭，才取得了不错的战果。而当楚军全力出击，吴国便暴露了底蕴不足的弊端，他们在战场上连连败退。楚军直捣黄龙，从鸠兹一直攻打到衡山。❶

在春秋时代，吴国的核心区域便在太湖周边，今日江浙地区，也被人们称作吴越故地。楚军取得辉煌战果后，令尹子重对吴国心生轻视，他犯了轻敌的兵家大忌，令尹子重派楚将邓廖为先锋，让他率领三百重甲步兵以及三千精兵继续进攻吴国腹地，而令尹子重自己则在后方压阵。

从军事地理角度分析，东南丘陵是我国三大丘陵之首，吴国所在的位

---

❶ 鸠兹位于今安徽省芜湖市以东，衡山位于今浙江省湖州市吴兴区附近。

置，刚好是东南丘陵最北面的江南丘陵地带。这里龙盘虎踞，地势复杂，而且河网密集，不利于兵车作战。

吴军充分地利用优势，他们在邓廖的行军路线上设下埋伏，打得对方措手不及。一战过后，楚军先锋几乎全军覆没，出征前的三百重甲步兵仅剩八十人，而三千精兵也只逃回三百人，将领邓廖也成为吴军的俘虏。

令尹子重得知消息后，心凉了半截。战事进行到这个阶段，令尹子重再坚持伐吴，对他来说，已经弊大于利。毕竟楚军已经取得了不错的战果，继续深入吴国腹地，一旦被吴军抓住机会，让楚军再受重创，令尹子重回国后，无法向楚共王交差。

因此，令尹子重下令撤兵，他回国向楚共王复命时，报喜不报忧，隐瞒了邓廖战败之事。令尹子重对楚共王说："臣此行东征，从鸠兹打到衡山，打得敌军抱头鼠窜。远征的将士们辛苦作战，才取得这样的战果，臣请求在太庙摆一场庆功宴，犒劳将士们。"

楚共王不知实情，他对令尹子重的话深信不疑，便同意了对方的请求。

于是令尹子重在太庙大摆宴席，欢庆胜利。楚军将士们开怀痛饮三天后，从东面传来了一个不幸的消息——吴军入侵楚国境内，并攻陷了边境重镇驾地❶。

楚国君臣这才恍然大悟，知道了令尹子重的所作所为。楚军此次远征，不仅折损了良将邓廖，还失去了重镇驾地，可谓得不偿失。楚人将令

---

❶ 今安徽省无为市附近。

尹子重视为罪魁祸首。令尹子重心病成疾，最终因精神错乱而死。❶令尹子重死后，右尹子辛接替他的官职，成为新的令尹。

公元前570年的这场楚国和吴国的战争，将晋楚争霸推进了新的时代。这一战，让晋悼公意识到晋国联吴制楚的战略意义，也是从这一年开始，吴国成为影响晋楚争霸的关键角色。

同年夏天，晋悼公为了向吴国展示实力，亲自召开诸侯会盟，并郑重邀请吴王寿梦前来参加，以此加深晋国与吴国的外交关系。

鉴于齐国在此前缺席会盟，晋悼公对齐国尤为关照，他特地派士匄前往齐国邀约。士匄对时任齐国国君齐灵公说："近些年来，诸侯之间纷争不断，对外征战没有戒备。所以，我们大王愿与各位兄弟相见，解决彼此间的小摩擦，请齐国的大王务必参加。"

晋悼公年纪虽轻，但手腕很强硬，齐国群臣担心齐灵公缺席，会招致灾祸，纷纷建议国君出席，齐灵公不敢怠慢，便动身前去会盟。

当年六月二十三日，九个诸侯国纷纷前往约定地点鸡泽❷参与会盟，史称鸡泽会盟<u>考证参见附录9</u>。

在鸡泽会盟前夕，晋悼公为了表示对吴国的重视，派荀会前往淮水岸边迎接吴王寿梦。❸

---

❶ 《左传·襄公三年》："子重归，既饮至，三日，吴人伐楚，取驾。驾，良邑也。邓廖，亦楚之良也。君子谓：'子重于是役也，所获不如所亡。'楚人以是咎子重。子重病之，遂遇心病而卒。" 古人认为精神类疾病是由心脏导致的，所以将精神类疾病归为心疾。

❷ 鸡泽位于今河北省邯郸市鸡泽县，这里至今仍有会盟的旧址，鸡泽县政府为了重现公元前570年九国会盟的盛况，特地修建了晋侯会盟文化园。

❸ 《左传·襄公三年》："晋侯使荀会逆吴子于淮上。"

15 鸡泽会盟——晋楚争霸的新时期

史书上的这句记载,似乎并不能体现晋悼公的诚意。可是鸡泽距离淮水长达两千里,在古代交通不便的情况下,晋悼公派人相请,可见他诚意满满。

可惜鸡泽距离吴国实在太远,吴王寿梦并没能亲自参加鸡泽会盟。但从后续的历史分析,吴国已经实质性地与晋国结成联盟。

晋悼公借助鸡泽会盟,成功地将联盟南扩,他这一举动,大大压缩了楚国的战略空间。可惜,楚共王不仅没能做出有效的反击,不久后,楚国的盟友陈国,也投靠了晋国。

后人评价楚共王软弱无能,实际上,楚共王有不得已的苦衷。楚共王的父亲,是赫赫有名的楚庄王。当年楚庄王平定若敖氏之乱后,有意提拔自己的弟弟执掌朝政,诸如令尹子重、司马子反、右尹子辛,都是楚庄王的弟弟。

楚共王十岁即位,他的叔叔们在楚国有着举足轻重的影响力。国君年少,朝中重臣免不了争权夺利,于是令尹子重逼死司马子反,而后子重又与子辛杀了公子申。子重去世后,子辛成为新令尹。新令尹为人贪婪,经常利用权势,欺压楚国的盟友。

时任陈国国君陈成公不堪受辱,他在鸡泽会盟后,便派人前往晋国和谈,请求与晋国结盟。晋悼公乐见其成,当即接受了陈国的请求。

楚共王不知事情的来龙去脉,他听说陈国投晋,对此百思不得其解,不明白陈国为什么忽然叛楚投敌。

不过,鄢陵之战后,楚国伐宋不成,又丢失郑国,如今陈国背叛,让楚国的霸业雪上加霜。毕竟陈、蔡两国是楚国北上中原的两扇大门,若是任由陈国背叛,恐怕晋国的兵车,可以随时入侵楚国本土。

因此，楚共王调动楚军伐陈，希望夺回陈国。令楚共王万万没想到的是，陈成公态度十分坚决，他率军与楚军对抗到底。

两年后，公元前568年，陈成公不幸去世，楚共王借机采取怀柔手段，他下令楚军停止攻打陈国，并派使臣前去请求和谈。

不料陈国对楚共王的善意无动于衷。楚共王忍无可忍，再次派使臣前往陈国，质问对方为什么背叛楚国，这才真相大白——原来令尹子辛一直敲诈勒索陈国，陈国忍受不了他的贪婪，所以投靠了晋国。

楚共王了解了来龙去脉后，顿时怒不可遏，他命人将令尹子辛抓捕并斩首，以给陈国一个交代。❶

这是历任楚王以来，第一次为了小诸侯国而杀死楚国令尹。可惜楚共王的举动，并没有挽回陈国。

同年九月二十三日，晋悼公联合十四个诸侯在戚地会盟，商讨出兵陈国之事。此次会盟的规模可以跻身春秋会盟前三甲，成员不仅囊括了齐、鲁、郑、宋等主要中原诸侯国，甚至连吴国也参与其中。

事已至此，楚共王也知道不能急于一时，他委任自己的弟弟子囊为新任令尹，打算徐徐图之。

士匄听闻令尹子囊上任，察觉大事不妙，预言说："陈国恐怕难以保住了。令尹子囊上任后，一定会改变前任子辛的做法。楚国与陈国接壤，

---

❶《左传》对此评价："君子谓：'楚共王于是不刑。'"《左传》对楚共王杀令尹子辛这件事持否定态度，随后《左传》给出的理由是楚国对诸侯不诚信，楚共王应该对此负责，而不能用杀人来解决问题。《左传》的评价具有很强的时代性，对楚共王过于苛责。当时楚国的战略形势很恶劣，郑、宋两国倒向晋国，吴国在旁虎视眈眈，楚国地缘危机重重，这种非常时刻，令尹子辛却不顾大局，在背地里勒索陈国，最终逼迫陈国投晋。楚共王将他斩首，情有可原，并非滥杀无辜。

只要他们继续用兵,陈国迟早会投靠楚国。既然我们无力保住陈国,不如早些放弃。"

士匄并非夸夸其谈,陈国之于晋国,如同鸡肋,食之无味,弃之可惜。在当时,晋国有着更重要的事情要处理,这便是晋国与周边戎狄部落的关系。

晋国常年与戎狄部落杂居,从崤之战开始,晋国便多次借助戎狄的兵力征伐中原。数百年来,晋国与北方戎狄部落爱恨纠缠不休,晋悼公在鸡泽会盟后,着手解决与戎狄的外交关系,刚好在此期间,也是楚国伐陈的关键节点。

如此横向对比,才能更好地体会晋楚争霸中耐人寻味的细节。

16 魏绛和戎
——礼崩乐坏的又一个征兆

晋悼公执政初期,并没有重视晋国与戎狄的关系,因为种种机缘巧合,魏犨的后人魏绛受到了晋悼公的青睐,后来魏绛成为推动晋国与戎狄和解的关键人物。

当时晋悼公想通过鸡泽会盟展现晋国霸主的风采,以此立威服众,所以晋悼公对鸡泽会盟非常重视。

然而在会盟期间,晋悼公的弟弟扬干率领军队,扰乱了晋军的阵列。魏绛身为中军司马,刚好负责整顿晋军的军纪之事,魏绛铁面无私,将扬干的车手杀了。

虽然晋悼公有着天纵之才,可是金无足赤,人无完人,他也有一个很明显的缺点,那便是年少轻狂。晋悼公有些好大喜功,他非常讲究排场。

当晋悼公得知魏绛杀了他弟弟的车手后,当场勃然大怒,他对羊舌赤抱怨说:"我本打算借助会盟,展现晋国的霸主光荣,扬干是我的弟弟,魏绛竟然不留情面,将他的车手杀死。你现在去给我杀了魏绛,不得有误。"

魏绛忠于职守,实在杀不得,于是羊舌赤连忙劝说:"魏绛忠心耿耿,他不惧艰难险阻地侍奉您。即使他有罪,也不会畏罪逃跑,所以不必麻烦大王下令,我想魏绛会向您陈述理由,您暂且先消消气。"

羊舌赤刚说完,魏绛果然前来,他将提前写好的竹简交到晋悼公的随

16 魏绛和我——礼崩乐坏的又一个征兆

从手中,让对方转交给国君,随后魏绛便打算用剑自刎。他身旁的大夫们连忙拦住魏绛,好言相劝。

不多时,竹简被送到了晋悼公手上,晋悼公展开观看,上面写道:大王以前缺兵少将,承蒙您抬爱,将我提升为中军司马。我听说,军人以服从上级命令为天职,将士们宁死也不愿触犯军法,这样的军队才有战斗力。我既然担任中军司马一职,在其位,谋其政,自然要尽心尽力做好本职工作。如今大王借会盟展现国威,如果晋军松松垮垮,没半点军容军貌,大王又如何立威呢?相比于得罪扬干,臣更害怕败坏军纪。所以,即使牵连到扬干,我也认罪,甘愿受死。

晋悼公读完,顷刻间怒气全无,他来不及穿鞋,光着脚从军帐中跑出来,找魏绛承认错误。晋悼公说:"寡人太疼爱我的兄弟了,所以说错了话,请您别往心里去。您为了执行军法,诛杀我兄弟的车手,又何罪之有呢?退一步说,是寡人没管教好弟弟,让他触犯了军法,这是寡人的过错,与您无关,请您原谅寡人。"

鸡泽会盟结束后,晋悼公越来越觉得魏绛大公无私,因此晋军回国后,晋悼公特地设宴招待魏绛,并且将他提升为八卿之一,担任新军佐一职。

在魏绛上任的第一年,北方戎狄部落之一的无终国,派使臣前往晋国朝觐。无终国此行的目的是请晋国与戎狄部落和谈。使臣通过魏绛的关系,向晋悼公献上虎豹皮草。

晋悼公一开始非常排斥戎狄部落,他对魏绛说:"戎狄既贪婪又狡诈,不如征伐他们。"[1]

---

[1] 《左传·襄公四年》:"戎狄无亲而贪,不如伐之。"

魏绛赶紧劝谏说:"大王,不可。鸡泽会盟后,诸侯都归顺于晋国,连楚国的盟友陈国都前来与我们交好。但我们不能掉以轻心,因为诸侯们正在暗中观察晋国的言谈举止。大王您有德行,他们便会亲附,可若您无德,他们一定会背叛我们。如果晋军现在出兵征讨戎狄,楚国一定会趁机讨伐陈国,届时我们分身乏术,来不及救援陈国,只能将陈国作为弃子丢掉。如此一来,诸侯们会对我们离心离德,这对晋国霸业不利。❶《夏训》上记载,有穷后羿……"

魏绛说到这里,晋悼公忍不住插话:"后羿如何?"❷

魏绛接着说:"当年夏启建立夏王朝以后,有个名为有扈氏的部落不服,夏启带兵将有扈氏灭亡,并把俘虏来的战俘罚作奴隶,以此警示其他部落。众多部落畏惧夏启的权力,敢怒不敢言。夏启死后,他的儿子太康继位。太康昏庸无道,只喜欢田猎。有一次,太康带领随从前往洛水南岸田猎,结果外出长达一百天,都没有回国。有穷后羿抓住机会,他亲自带兵守住洛水北岸。当太康带着战利品兴高采烈归来时,才发现洛水对岸全部是后羿的部队。太康无奈之下,只能在洛水北岸流亡。这便是太康失国的典故。"

晋悼公听完直冒冷汗,因为晋悼公和太康的爱好一样,他也非常喜欢田猎。魏绛深知晋悼公的喜好,所以他特地用太康失国的典故,提醒晋悼

---

❶ 《左传·襄公四年》:"戎,禽兽也。获戎失华,无乃不可乎!"魏绛的观点,代表了春秋时期诸侯们的价值观,他们普遍认为,戎狄部落的人不是人,而是禽兽。

❷ 《左传·襄公四年》:"《夏训》有之曰:'有穷后羿……'公曰:'后羿如何?'"中华书局出版的《左传》对此注解为,魏绛的话没有说完,晋悼公突然插话。在中国古代神话中,有两个后羿,一个出现于"后羿射日",另一个出现于"嫦娥奔月"。魏绛口中的后羿为后者。这个后羿是生于有穷氏,所以也被人称为有穷后羿。

公。晋悼公很聪明，瞬间便明白了魏绛的用意，他没来得及打断魏绛，对方又继续说。

"有穷后羿是上古时期非常出名的弓箭手，传说他五岁开始学习射箭，凭借武力成为一方部落首领。后羿将太康驱逐在洛水南岸后，他扶持太康的弟弟仲康做傀儡，自己则把持朝政。

"夏王朝在东方有一个友邦，他们的首领名为伯封。伯封与夏王朝傀儡仲康关系莫逆，他不满后羿独揽大权，于是拒绝向夏朝纳贡。后羿率领重兵，冲进伯封的领地，用箭射死了对方，并抢夺封的母亲玄妻作为自己的妻子。

"后羿做事心狠手辣，他又下令将伯封碎尸万段。仲康见友邦盟友惨死，当即惊怒交加，气绝而亡。

"夏朝的大臣们见后羿如此残忍，便纷纷收拾行囊，连夜出逃。后羿顺势自立为王，他自恃武力超群，不再治理朝政，从此沉迷于田猎。百姓怨声载道，叫苦不迭。

"此时，后羿弃用贤臣，提拔奸臣寒浞执掌朝政。寒浞原本是寒明氏的弟子，因为他生性奸诈，所以被家族驱逐。寒浞投奔后羿后，凭借自己的伶牙俐齿，博得了后羿的喜爱，顺利成为后羿的心腹。

"寒浞抓住后羿沉迷于打猎的弱点，经常趁后羿外出时，勾搭玄妻，而玄妻的儿子被后羿残忍杀害，她早就对后羿恨之入骨，于是二人商议，准备杀死后羿。

"有一次，后羿出去打猎，收获不小，恰逢那天又是月圆之夜，后羿兴致很高，便邀请玄妻饮酒赏月。

"玄妻抓住机会，虚情假意地劝后羿饮酒。后羿喝了一杯又一杯，不胜酒力，酩酊大醉。可是他仍然不肯放下酒杯。在后羿四处找酒时，寒浞知道时机成熟，他一声令下，从门外冲进来十几个彪形大汉，将后羿乱刀砍死。

"玄妻为了报复后羿，也将后羿碎尸万段，随后送给后羿之子。寒浞和玄妻二人又将后羿之子杀死。

"不久后，寒浞鸠占鹊巢，他依靠有穷氏部落的力量，效仿后羿的作风，统治夏朝。小人得志一时容易，但想得志一世，便难如登天。不久后，夏朝遗民推翻了寒浞的统治，有穷氏也随之灭亡。

"大王，太康因为沉迷于田猎，最终失国。后羿也因为沉迷于田猎，最终丧命。我担任新军佐一职，负责田猎之事，所以出言规劝国君，请您引以为戒。"

晋悼公无言以对，他擦了擦额头上的冷汗，坦诚地说："寡人的确不能任由自己的喜好来决定国家大事。不过，没有比与戎狄和谈更好的选择了吗？"

魏绛则回答说："大王，晋国和戎有五点好处，第一，戎狄逐水草而居，他们重视物资，轻视土地，我们可以用物资去换戎狄的土地，如此一来，晋国能够扩大疆土。第二，和戎后，边境便不再害怕他们骚扰，百姓们可以安心地在田野里耕种。第三，一旦戎狄向晋国妥协，就会震慑中原诸侯，他们将引以为戒，尽力服从晋国，不敢有二心。第四，和戎后，晋军不需要征战，将士们可以养精蓄锐积攒实力，万一楚国挑衅晋国，我们可以全力出征。第五，请大王借鉴后羿的教训，您只有以德治国，晋国霸业才能安稳。"

晋悼公听完，不由得心服口服，他连忙安排手下与戎狄和谈。历史证

16 魏绛和戎——礼崩乐坏的又一个征兆

明，晋悼公采用与戎狄和谈的政策，取得了良好的成效。

纵观晋国的地缘形势，他们东边有齐国，西边有秦国，南面便是黄河。渡过黄河后，才是郑、宋两国的土地。除此之外，晋国周边只剩下戎狄部落，而且多不胜数，有白狄、赤狄、长狄，他们内部还有无数的分支，例如无终国、仇由、肥鼓、义渠、伊洛等，多如牛毛，不胜枚举。

晋国和戎以后，他们可以将更多的精力放在争霸伟业上，此时晋国只要做好两件事，便可以牢牢占据与楚国争霸的上风，一是压制秦国和齐国，二是联吴制楚。

不仅晋悼公意识到了这两件事，晋国的前几代国君，也都意识到了这个争霸战略。鞌之战和麻隧之战，分别压制了齐国和秦国，而申公巫臣远赴吴国，则开启了晋国联吴制楚的时代。

晋悼公和戎后，吴王寿梦派使臣千里迢迢前往晋国，使臣向晋悼公解释吴王寿梦没能参加鸡泽会盟的原因，同时，使臣代表吴王寿梦，请求与晋国交好。

晋悼公非常高兴，他专门为吴国又召开了一次会盟，进一步加强了晋国和吴国的战略关系。这一举动，扩大了晋国对楚国的优势。

晋国和戎政策，有千般好处，但对周王室来说，这是又一次礼崩乐坏的表现。周公旦制定礼乐制度时曾经规定，诸侯们应该讨伐诸侯，并将俘虏献给周天子。从西周到东周，社会生产力一直很落后，奴隶是主要的劳动力之一，而在春秋的普世价值观中，戎狄都是禽兽，并不能被称作人。春秋乱世，连年征战不休，因此征讨戎狄所俘虏的奴隶，成为诸侯们补充劳动力的重要方式。

晋国作为春秋霸主，他们采取和戎的政策，无疑是对礼乐制度的进一步颠覆。时任天子周灵王对此非常不满，如果诸侯们纷纷效仿晋国，势必会减少周王室获取的奴隶数量。

周灵王派王叔陈生前往晋国，当面斥责晋悼公。这件事发生于公元前568年，当时晋悼公不足二十岁，正是年轻气盛的时候，他命人将王叔陈生囚禁起来，又派士鲂出使成周雒邑。

士鲂拜见周灵王说："我此行前来，特地向您禀报王叔陈生与戎狄勾结，现在已经被晋国拿下。"

晋国的所作所为，丝毫没有顾及周王室的颜面，这仿佛是一记响亮的耳光，抽在了周灵王的脸上。奈何形势比人强，周王室衰微日久，无力对抗晋国，周灵王也只能忍气吞声，此事便不了了之。

史书对此记载得很简单，并衍生了众多版本，更有人说，晋国和戎后，他们不肯听从周天子之命讨伐戎狄，而晋悼公抓捕王叔陈生，是为了取悦戎狄。

从种种迹象上分析，在晋悼公执政期间，晋国和戎狄们的关系确实很好，而晋国和戎以及联吴的两个外交策略，也为晋悼公三驾疲楚，创造了有利的条件。

17 三驾疲楚
——晋楚争霸结束的前兆

在晋悼公采纳魏绛的建议，推动和戎的外交政策时，公元前566年，楚共王命令新任令尹子囊又一次将兵锋指向陈国。

晋悼公再次召集诸侯会盟，时任陈国国君陈哀公为了江山社稷，命守军坚守城池，自己则前去参加会盟，向各路诸侯求援。可是这一次参与会盟的诸侯国大大减少，连陈国在内，仅有七个国家参与。齐国、吴国甚至郑国都没有参与其中。❶

所谓家家有本难念的经，小诸侯们夹杂在晋楚争霸之间，生存不易。总不能楚国每次攻打陈国，诸侯们都放下手中的生计，出兵前去救援。鉴于楚国的实力以及陈国的位置，陈国迟早会被攻克，救援陈国之事，实在得不偿失。

陈国作为当事人，他们更是有着切身之痛。几年来，楚国数次强攻，陈国朝堂上，也逐渐分出两个派系，陈哀公的弟弟公子黄是反楚派的代表，而他的最大政敌，庆虎和庆寅这对兄弟，则是亲楚派的代表。

两年来，公子黄与庆氏兄弟相互倾轧，斗得不可开交。陈哀公倾向于反楚，所以他倾向于弟弟公子黄。

---

❶ 此次会盟地点在郑国境内，郑国因为再次发生弑君事件，所以没有参加会盟，后文详述。

很多时候，事情并没有对错之分，只有立场之别。渐渐地，庆氏兄弟便成为陈国亲楚派的代表人物。

如今楚军兵困陈国，陈哀公又外出请求援助，对庆氏兄弟来说，这是一个千载难逢的好机会，二人派人暗中勾结楚国，他们有意里通外合，与楚国联手。

城外楚军主帅令尹子囊收到消息后喜出望外，四年来，楚军数次伐陈，未建寸功，如果能从内部瓦解陈国，这无疑是一条捷径。于是双方一拍即合，开始进一步行动。

庆氏兄弟用计，让公子黄成为陈国使者，前往楚军大营。只要令尹子囊将他俘获，届时陈国朝中无人，庆氏兄弟便可以做点事情。

对敌人来说，他们最喜欢卖国贼。令尹子囊欣然接受了对方的提议。可怜公子黄对奸计一无所知，他前往楚军大营时，当场被楚军俘虏。

庆氏兄弟则立刻派人向陈哀公汇报，使者说："楚军俘虏了公子黄，您如果再不回来，臣下不忍江山社稷沦丧，我们将会有其他的打算。"❶

庆氏兄弟的言外之意，可谓相当直白。如果将他们的话挑明，便是"陈国反楚的大夫公子黄已经被楚国俘虏，反楚没有前途。请大王您赶紧放弃与晋国的会盟。如果您再不回国，我们为了陈国的江山社稷，将会拥立其他公子做国君"。

陈哀公别无选择，只能从会盟中逃回国。史书中用"陈侯逃归"四个字来形容陈哀公的狼狈。事已至此，晋悼公也不可能为了陈国而兴师动众地攻打楚国，于是晋悼公解散会盟，率军回国。

---

❶ 《左传·襄公七年》："楚人执公子黄矣！君若不来，群臣不忍社稷宗庙，惧有二图。"

17 三驾疲楚——晋楚争霸结束的前兆

事情的发展与士匄的预判丝毫不差。经过这一番波折，陈国重新投靠楚国。晋悼公看似竹篮打水一场空，可是他通过这件事，对地缘政治有了更深刻的认识，这也为日后晋悼公的"三驾疲楚"指明了方向。与此同时，"三驾疲楚"的另一个关键人物荀罃，也在这一年成为晋国中军将。

荀罃的升迁之路，是晋悼公帝王心术的另一处体现，其中的细节，很值得人深思。

在晋悼公救援陈国的两个月前，五朝元老韩厥向晋悼公请辞，卸任晋国中军将之职。晋悼公念其有功，想将他的长子韩无忌提拔为八卿之一。

可是韩无忌身有废疾❶，他引用诗经之言说："《诗经》中说，弗躬弗亲，庶民弗信。❷如果不能事必躬亲，便不能取信于民。我因为身体的原因，无法事必躬亲。请您任命的我弟弟韩起。"

晋悼公被韩无忌的仁德打动，便让他担任首席公族大夫。

按照此前的规矩，韩厥退隐后，理应由中军佐荀偃顶替，成为新的中军将。然而晋悼公偏偏越级提拔荀罃，让他担任中军将。

晋悼公越级提拔荀罃，大抵有两个原因：一是因为荀罃是当年迎接晋悼公回国的两人之一；二是晋悼公有自己的用人之术。

虽然荀罃与荀偃分别出自智氏和中行氏，但在当时，他们二人仍同属荀氏一族，不能同在一军中成为最高领导。所以，荀罃成为中军将以后，荀偃只能降职担任上军将。

---

❶ 《左传·襄公七年》："公族穆子身有废疾，将立之。"公族穆子即韩无忌，废疾指久治不愈的疾病或者身有残疾。史书中并没有详细交代，因此笔者引用书中"废疾"一词。

❷ 出自《诗经·小雅·节南山》。

荀偃与晋悼公的关系，一言难尽。当年栾书和荀偃弑杀晋厉公，这二人分别担任中军将和中军佐之职。在晋悼公即位第一年，栾书便从史书中神秘消失。诡异的是，荀偃身为中军佐，并没有继任，而是由韩厥出任中军将。如此过了七年，韩厥告老还乡，荀罃却被越级提拔，而荀偃不升反降。

　　不难看出，晋悼公有意打压荀偃。后人推测，其中有两个原因，一是荀偃曾经参与弑君，二是荀偃为人嚣张跋扈，不受晋悼公喜爱。

　　此时晋国八卿名单是中军将荀罃，即智氏族长智武子，中军佐士匄，上军将荀偃，上军佐韩起，下军将栾黡，下军佐士鲂，新军将赵武，新军佐魏绛。

　　从这一年开始，影响三家分晋走向的四大家族，即智氏、韩氏、魏氏、赵氏同时跻身于八卿之列。

　　晋悼公做完八卿的人事调整后，历史上著名的"三驾疲楚"事件便缓缓上演。在此之中，郑国成为最重要的一颗棋子。

　　郑成公曾在临终前留下遗愿，他希望郑国可以追随楚国的步伐。于是郑大夫子驷手持先君遗愿，率领群臣辅佐新君郑僖公，继续与晋国周旋。直到晋国的荀罃在虎牢修筑城池，郑国才叛楚投晋，更改了阵营。

　　郑僖公年少轻狂，他执政后惹得天怒人怨，郑国内外鸡飞狗跳，甚至鲁国的大夫曾打算去晋国控告郑僖公，请求晋国废黜郑僖公的国君之位。❶

　　晋悼公在郑国境内召开会盟时，郑僖公和大夫子驷打算前往会盟，然而郑僖公对大夫子驷无礼，随从曾劝郑僖公说："大夫子驷总归是当朝元

---

❶ 依照礼乐制度，诸侯国君之位，理应由周天子定夺。而鲁国派人前往晋国请求，这一细节，既能反映周王室衰落，也能反映晋国霸主地位深入人心。

17 三驾疲楚——晋楚争霸结束的前兆

老，您不能随意侮辱他。"

郑僖公很不耐烦，没有听随从的话。

随从继续劝谏说："大王，我冒死劝谏，是为了您好，您真的不能再逼迫大夫子驷了。"

郑僖公不厌其烦，下令将这位随从拖出去杀了。❶

不久后，大夫子驷派刺客在夜黑风高之时，将郑僖公弑杀于会盟途中。随后，大夫子驷向诸侯们发送讣告，宣称郑僖公身患疟疾而死。紧接着，大夫子驷便拥立郑僖公之子即位，史称郑简公。这一年，郑简公仅五岁，所以大夫子驷顺理成章把持了郑国朝政。

然而纸包不住火，大夫子驷弑君之事没能瞒住世人。当时郑国的诸位公子决定杀死大夫子驷，为先君郑僖公报仇。

所谓先下手为强，后下手遭殃。公元前565年四月十二日，大夫子驷抢先对郑国群公子下手，他借故杀死四位公子，公子子狐的两个儿子死里逃生，出奔到卫国避难。（《左传·襄公八年》："子驷先之。夏四月庚辰，辟杀子狐、子熙、子侯、子丁。孙击、孙恶出奔卫。"孙击与孙恶二人是子狐之子。）

令人拍案叫绝的是，在大夫子驷清洗群公子的十一天后，他又派大夫子国与大夫子耳二人出兵讨伐蔡国，并俘虏了蔡军司马公子燮。❷

从表面上看，这场师出无名的战争有些莫名其妙，可实际上，大夫子驷的所作所为，恰恰诠释了春秋谋略的精髓。

---

❶ 《左传·襄公七年》："侍者谏，不听，又谏，杀之。"
❷ 《左传·襄公八年》："庚寅，郑子国、子耳侵蔡，获蔡司马公子燮。"大夫子驷在庚辰日动手，即4月12日，郑军伐蔡的庚辰日，则是4月22日。

不到一年的时间，大夫子驷先弑君，而后清洗群公子，他此时的当务之急，是如何平息弑君之事带来的隐患。

郑僖公死于会盟途中，虽然大夫子驷以疟疾为借口，谎称郑僖公病逝，可是郑国群公子谋划报复大夫子驷，这无疑戳穿了他的谎话。如果晋悼公得知大夫子驷的行为，他十有八九会出兵伐郑，届时，大夫子驷将无路可走。

在郑僖公执政的几年里，楚国一直出兵攻打陈国，大夫子驷弑君时，晋悼公正在召集诸侯会盟，商议救援陈国之事。而陈国背叛晋国投靠楚国，多少也打击了晋悼公。对大夫子驷来说，如何向晋悼公示好，是重中之重。

放眼郑国周边，晋国、宋国、卫国、楚国、陈国、蔡国与他们接壤，宋国与卫国是晋国的盟友，绝对不能出兵攻打；楚国实力强横，郑国即便想打，也有心无力；陈国和蔡国无疑是最好的选择，所以大夫子驷才会出兵伐蔡。

此次郑军主将是大夫子国与子产，这二人是父子关系，大夫子国为父。❶

二人率军得胜归来，郑国群臣非常高兴，唯有子产十分担忧，他对父亲说："此次郑军伐蔡，闯下了弥天大祸，楚国一定会出兵讨伐郑国。届时郑国不敌，只能归顺楚国，这会引起晋国的不满，晋国国君一定会出兵讨伐我们，如此一来，晋楚两国轮流攻打郑国，我们将没有安宁之日。"

大夫子国听完，勃然大怒地呵斥说："你懂什么？对外征伐这种国

---

❶ 子产是春秋时代著名的思想家，圣人孔子对子产推崇倍加。由于子产出身郑国，他对历史的推动作用有限，而春秋人物纷繁复杂，为了突出春秋主线，笔者暂且略过。

17 三驾疲楚——晋楚争霸结束的前兆

家大事,自然有正卿发布命令,你一个小孩子谈论这些事,将会有杀身之祸。"❶

大夫子国的话,潜台词藏得很深,只有结合当时的春秋局势,才能更好地理解他的话中真意。大夫子国告诫子产,很多人都知道郑国伐蔡会引来楚国和晋国。如今郑国国君才五岁,大夫子驷在郑国一手遮天,众人担心被他迫害,才闭口不谈。

朝中重臣都看出了大夫子驷的权谋,所以大夫子国告诉儿子,不能自作聪明,否则容易引火烧身。

一张纸上被戳了一个窟窿,如何让这个窟窿变小呢?那便是在旁边戳一个更大的窟窿。大夫子驷的权谋中蕴含的道理,与此如出一辙。他通过伐蔡引楚国攻打郑国,郑国投降后,晋国必然出兵讨伐郑国,楚国为了保住郑国,十有八九会再次出兵。

历史总是惊人地相似,这种事情曾在邲之战与鄢陵之战中反复上演。大夫子驷计谋成功之时,晋楚双方会为了争夺郑国而大动干戈,谁还会在意大夫子驷有没有弑君呢?所以,大夫子驷不仅点燃了晋楚争霸的这把火,而且火烧得越旺,他越开心。

一切如大夫子驷所料,同年冬天,楚共王果然秋后算账,他让令尹子囊率军攻打郑国。对此,郑国内部分为两个派系。一方主张向楚国投降,而另一方则主张坚守到底,等待晋国救援。

大夫子驷正是投降派的代表,史书中特地记载了投降派的三个代表人物,除了他以外,还有大夫子国和大夫子耳。

---

❶ 《左传·襄公八年》:"尔何知?国有大命,而有正卿。童子言焉,将为戮矣。"

大夫子驷说:"郑国是小国,小国的求生之道,是准备好财物,放在两国的边境上,以等待强而有力的诸侯庇护我们。如今郑国在危难之际,我们姑且顺从楚国,以缓和局势,等晋国援军到来,我们再顺从晋国,这样便可解决郑国危机。"

郑国的主战派代表是大夫子孔、子蟜以及子展。大夫子展反驳说:"这样做不妥,小国以诚信侍奉大国,如果我们不讲诚信,必会遭受兵祸之乱,那距离亡国指日可待。所以,我们不能抛弃五次会盟树立起来的信用。楚国对我们虎视眈眈,我们亲近对方,迟早会被他们吞并。而晋国不同,晋国国君正当贤明,四军军容鼎盛,八卿和睦无间。楚军远道而来,补给压力巨大,不能长久作战,只要我们坚守城池,他们将不战而退。如今之计,郑国应该据城坚守,以等待晋国援军。"

正如此前所说,大夫子驷的立场,在于挑起晋楚争霸的战争,他摇头否决说:"人多嘴杂,终究没有定论。我决定顺从楚国。一切后果,我将一力承担。"

毕竟大夫子驷在郑国只手遮天,在他的主导下,郑国很快向楚军投降。如此一来,晋楚争霸的第一把火,便被他煽动起来。紧接着,大夫子驷派人前往晋国报告说,贵国国君(晋悼公)曾在会盟中命令郑国整备战车,保持戒备,以征讨叛乱。如今蔡国不顺从晋国,郑国不敢偏安一隅,所以我们的国君才下令,举全国之力,攻打蔡国,并且俘虏了他们的司马公子燮。如今楚国兴师问罪,他们丧尽天良,焚烧郑国的城池,入侵郑国的城郭。郑国上下拼死抵抗,可是楚军太强,把郑国逼入绝境,我们不得已,才向楚国投降,并且与对方结盟。郑国君臣不敢隐瞒晋国,特此派人前来汇报。

17 三驾疲楚——晋楚争霸结束的前兆

从种种迹象中，不难看出大夫子驷在晋楚两国之间煽风点火的用意。晋国的大夫们精明干练，一眼看穿了郑国的把戏。退一步说，当时郑简公不过是个五六岁的孩童，郑国群臣却说是郑简公下令伐蔡，一般人都不会相信。

因此，晋国的中军将荀罃反驳说："楚军伐郑之时，郑国为何没有派人前往晋国求援呢？你们反倒立刻向楚国投降。事到如今，你们郑国咎由自取，我们国君将率领诸侯与你们在城下相见，请你们国君好好准备。"

荀罃的言外之意是晋军将率领诸侯讨伐郑国，可是荀罃没有料到，晋国的反应，早在大夫子驷的算计之中。

眼见晋楚两国将掀起新一轮的争霸，各路诸侯蠢蠢欲动。在麻隧之战中遭受重创的秦国，看到了一丝契机，时任秦国国君秦景公派使臣前往楚国拜见楚共王，请求联合伐晋。

若是秦楚联盟，楚国将胜算大增。楚共王对此十分高兴，并立刻答应了对方的请求。

令尹子囊却劝谏说："大王，此事万万不可，目前我们不能与晋国对抗。晋国国君年纪虽小，但他雄才大略，而且识人善用。如今晋国八卿和睦，不再是一盘散沙。此时晋国势不可当，我们不如避其锋芒，从长计议。"

楚共王听完很为难，他回答说："我已经答应了秦国。退一步说，虽然楚国弱于晋国，但尚有一拼之力。我意已决，这一战势在必行。"

从楚国君臣的对话中，不难推断出当时晋国确实强于楚国。可楚共王雄心仍在，况且楚国又有秦国相助，所以楚共王决定放手一搏。

公元564年秋天，楚共王屯兵边境，大军驻扎于武城，以此作为秦军的后援。而秦军则率先出兵，侵袭晋国。晋国正遭受饥荒，没有立刻展开报复。

数月后的冬天，晋国率领诸侯联军，大举南下伐郑。中军将荀罃与中军佐士匄率中军以及鲁军、齐军、宋军攻打郑国都城的东门，上军将荀偃和上军佐韩起率上军以及卫军、曹军、邾军攻打郑国都城的西门，下军将栾黡和下军佐士鲂率下军以及滕军与薛军攻打郑国都城的北门❶，新军将赵武以及新军佐魏绛则率领新君以及杞军和郳军在路边伐树。

晋国新军伐树之事，乍一听很荒唐，实则是因为当时道路狭窄，而战场征伐的主战装备是兵车，道路狭窄不利于军队驻扎以及人马调动。此次晋悼公调动的军队数量庞大，除了晋国四军全部出征，更有众多诸侯联合作战，所以由新军专门负责战地工事。

郑国见敌军大兵压境，心中惶恐。大夫子驷早有准备，他立刻派人前往晋军大营求和。

荀偃提议说："我们应该围点打援，只要困住郑国，等楚军前来援救时，各个击破。不然的话，郑国不会真心实意归顺晋国。"

荀罃却想出了一个更好的计策，他说："先君曾经说，君子劳心，小人劳力❷，所以围点打援的意义不大。如果我们寻求一时之快，与楚军决战，那么伤亡无法估算，这样做得不偿失。不如我们先答应与郑国结盟，然后率军退守虎牢。如今我们兵力充足，可以将大军分为三个部分，再联合各路诸侯中的精锐部队，分批进攻楚国。进攻部队伐楚时，其他将士可以养精蓄锐，而楚军则会疲于奔命，无法承受。"

---

❶ 滕国的部队即为滕军，薛国的部队即为薛军。下同。
❷ 《左传·襄公九年》："君子劳心，小人劳力，先王之制也。"此为成语出处。

17 三驾疲楚——晋楚争霸结束的前兆

这便是三驾疲楚的原型。荀罃立足于晋国距离郑国近,而楚国距离郑国远的实际情况,利用虎牢城作为跳板,将郑国作为诱饵,诱使楚军频繁北上救援,极大地消耗了楚国的国力。

荀罃的提议,很快得到了晋军上下的一致认可,于是晋国假意与郑国会盟和谈。

十一月初十,诸侯们在戏地结盟❶,晋军制作盟书时说,从今日盟誓后,郑国如果不对晋国唯命是从,将遭到盟书上所记载的报应。

这时候,大夫子驷快步上前说:"天降灾祸于郑国,让我们夹在晋楚两大强国之间,晋国身为大国,不仅没有宣扬和平,反而发动战争要挟郑国结盟。从今以后,郑国将顺从有德行且能强大到足以庇护郑国百姓的诸侯,如违此誓,将遭到盟书上所记载的报应。"

毫无疑问,大夫子驷临时篡改了盟约的誓言,他的言外之意是,郑国不是与晋国结盟,而是谁能庇护郑国,他们便与谁结盟。

荀偃立刻说:"不行,你们要修改盟书,必须重新起誓。"

郑国的大夫子展顺势说:"现在盟辞已经昭告神灵,绝不可以改动。如果连献给神灵的盟辞都可以更改,那么晋国也可以随时背叛。"

荀罃早已制定了"三驾疲楚"的战略,他根本不在意一时的得失,所以荀罃开口说:"我们的确不能以盟约要挟他人,不如暂且结盟退兵。他日修养德行,整备军队再来,一定能得到郑国的归顺,不急于一时。"

最终诸侯们结盟后,荀罃便率军返回虎牢。

大夫子驷临时修改盟辞,无非为郑国留下一条后路。果然,楚军一

---

❶ 戏地不可考证。但根据史书推断,此处的戏地,不同于战国时代的戏地。

129

到，郑国立刻投降，归顺楚国。令楚共王没有想到的是，这是晋国布下的局，一切早在荀罃的计划之中。

仅仅一个月后，同年十二月五日，晋军率领诸侯联军再次攻打郑国，这次仅仅围攻了五天。十二月二十日，诸侯联军又在阴阪渡河，再次侵袭郑国。❶数日后，诸侯联军再次退兵。

郑国不知对方的用意，不少人大惑不解。大夫子孔提议说："晋军长期征伐，应该是疲惫之师，他们萌生了退意，我们可以趁机偷袭。"

大夫子展的嗅觉很敏锐，他当即否决了对方的提议。

胶着的局势也让楚共王困惑不已，他又一次劳师动众，北上伐郑。

大夫子驷得知消息后，不假思索，立刻请求与楚国和谈。郑国的主战派再也看不下去，大夫子孔和大夫子蟜说："我们与晋国歃血为盟，血都没有干，郑国便背叛晋国，这可行吗？"❷

大夫子驷则从容地回答说："我的盟辞是郑国只服从强国，如今楚军伐郑，晋国却不救援我们，那么楚国便是强国，我们顺从楚国，并没有违背誓言，你们不必担忧。"

于是郑国与楚国和谈，楚共王派公子罢戎进入郑国国都结盟。历史是由无数的巧合组成的，偏偏此时，楚国传来噩耗，楚共王的母亲去世，他来不及安定郑国，便匆匆回国为母亲治丧。❸

---

❶ 阴阪即洧水渡口，在今河南省新郑稍北。
❷ 《左传·襄公九年》："与大国盟，口血未干而背之，可乎？"口血未干，指代刚结盟不久，因为结盟必会歃血。
❸ 《左传·襄公九年》："楚庄夫人卒，王为能定郑而归。"楚共王是楚庄王之子，楚庄王的夫人即为他的生母。值得注意的是，《左传》在此处以"王"之名称呼楚共王，这是中原诸侯接受楚国的一个表现。

17 三驾疲楚——晋楚争霸结束的前兆

此后，从襄公十年到襄公十一年的两年间（公元前653年到公元前652年），晋军三次向郑国用兵，每次都秉承速战速决的作战方针，借此调动楚军北上援郑。与此同时，晋悼公则在国内推行休养生息的政策，他启用魏绛推行法度。此消彼长下，晋楚两国的国力差距越来越大。

楚军在短期内三次劳师远征，疲于奔命，每次都不能与晋军抗衡。对此，《左传·襄公九年》记载："三驾而楚不能与争。"

从此，历史上便有了"三驾疲楚"的典故。

18 偪阳之战
——起因纷繁复杂的战争

在晋国实施"三驾疲楚"战略的同时，晋悼公也在试图加强与吴国的盟友关系。公元前563年四月初一，晋悼公号召齐国、鲁国、宋国、卫国、曹国以及其他小诸侯国，前往相地会见吴王寿梦，史称相地会盟。

这是历史性的一幕，自从晋国确立联吴制楚的外交路线后，这是两国最高领导人首次会面。

值得注意的是，相地位于江苏邳县北面，当时属于楚国的国土。按照春秋礼乐制度，在入境其他诸侯国时，理应向对方通报。可是众多诸侯前往相地会盟时，并没有向楚国通报。这意味着晋国势力强大，他们刻意忽视了楚国的感受。

不仅如此，晋国与诸侯们还带了大量军队前往楚国境内，这为相地会盟增添了几分不怀好意。此前楚共王为救援郑国疲于奔命，如今诸侯联军军容鼎盛，楚军无力讨伐，他们只能忍气吞声，按兵不动。

然而相地远离晋国，晋军千里行军，耗费无数的粮草辎重，如果没有作为，实属浪费。因此在会盟期间，晋国的荀偃和士匄为了交好宋国的大夫向戌，二人向晋悼公请求攻打偪阳，并将偪阳作为封地，赠送给向戌。

向戌官拜宋国左师一职❶，在外交上向来主张亲晋路线，并且为晋国征

---

❶ 左师为春秋时期的官职名称，与左师相对应的官职是右师。在宋国官制中，左右二师同是正卿级别。

战中原做出了很多贡献。

荀偃与士匄借偪阳之战，一来能够加强晋国与宋国的友好关系，二来可以在吴王寿梦面前展现晋国强大的军事实力。

晋国中军将荀䓨却当场反对，他说："偪阳的国都虽然很小，但是很坚固。晋军攻下来，理所应当，可万一攻不下来，则会给他人留下笑柄。晋军此行的目的是联吴制楚。若晋军在偪阳之战中败北，吴国一定会轻视晋军，这显然不利于晋国与吴国的联盟。"

荀偃和士匄的态度则非常坚决，他们数次恳请晋悼公出兵。晋悼公有着少年意气，他斟酌再三，最终同意攻打偪阳。

同年四月初九，诸侯联军浩浩荡荡挥兵偪阳，将对方的国都团团围住，著名的偪阳之战，就此打响。

在攻城战中，鲁军的表现分外抢眼。鲁国的孟氏家臣秦堇父拉着辎重车冲在最前面，与攻城部队稍有脱节。偪阳守军见有机可乘，他们打开城池的闸门，冲出来抢夺辎重车。不料这是诸侯联军的诱敌之计，联军将士们趁机发动攻势，部分士兵迅速冲入城中。

偪阳守军见状，又立刻将城池闸门放下，他们准备瓮中捉鳖，围歼先入城的敌军。在攻城的士兵陷入绝境时，鲁国猛将叔梁纥从乱军之中冲出，他用双手将闸门扛起，并高举过头顶，被困的士兵纷纷逃离险境后，他才将闸门放下。

诸侯联军偷袭未果，没能一战建功，他们只好又选择强攻偪阳国都。此时，鲁国的另一员猛将狄虒弥将一个用皮甲蒙住的车轮当作盾牌，左手高高举起，右手挥舞长戟，在战场上左突右冲，如入无人之境。

尽管联军攻势如潮，但依然没能攻下偪阳国都。城中守军心生轻视，他们将一块布条伸到城墙下，调戏攻城之人。

秦堇父看到布条，二话没说便抓住布条，借力向城墙上攀爬，当他即将爬到城垛时，城中守军割断了布条。秦堇父无处借力，当场坠落在地，昏死过去。随后城中守军又换了一个新布条放下，当秦堇父苏醒后，他再次抓住布条，重新登城。如此反复三次，守军被他的勇猛打动，他们为了表示钦佩，不再悬挂布条挑衅秦堇父。

攻守双方鏖战多时，诸侯联军暂且休兵。秦堇父将割断的布条做成带子，悬挂于军阵前示众三日，以提振士气。

鉴于秦堇父、叔梁纥以及狄虒弥三人表现抢眼，后人将此三人又称鲁国三虎将。

尽管诸侯联军攻势如潮，围攻接近一个月，却始终没有攻破偪阳国都。大军远征在外，粮草补给的压力越来越大，随着时间的流逝，战局正朝着诸侯联军不利的方向发展。

终于，荀偃和士匄前往荀罃军帐中请示说："雨季即将来临，若大雨涨水，会使部队行军不便，不如请您撤兵吧。"

荀罃当即怒火中烧，他将面前的弩机砸向对面二人。荀罃怒斥说："战前你们又是请求国君，又是联合诸侯，我担心军心动摇，才没有出言反对。事到如今，你们二人既不想着破城，又想着归罪于我。我限你们七日之内攻陷偪阳都城，否则你二人提头来见。"❶

---

❶ 《左传·襄公十年》："知伯怒，投之以机，出于其间，曰：'女成二事而后告余。余恐乱命，以不女违。女既勤君而兴诸侯，牵帅老夫以至于此，既无武守，而又欲易余罪，曰："是实班师，不然克矣。"余赢老也，可重任乎？七日不克，必尔乎取之！'"

188. 偪阳之战——起因纷繁复杂的战争

荀偃和士匄二人被骂得狗血喷头，他们没敢反驳，领着军令状灰溜溜地回去，组织攻城部队强攻偪阳都城。军令状便是战斗力，同年五月初四，荀偃和士匄二人亲自率兵冲锋陷阵，冒着乱石飞箭拼死攻城，五月初八，偪阳都城沦陷，偪阳国从此灭绝，成为历史长河中的一抹浪花。

偪阳之战原本只是一场不起眼的小战役，在春秋历史上有无数的灭国之战，它们都没有被记录于史书之中。然而偪阳之战却被郑重其事地收录于《左传》，并且辅以大量细节叙述。这其中的原因，或许与鲁国三虎将之一的叔梁纥密不可分。

根据史书记载，叔梁纥子姓，孔氏，名为纥，字叔梁，是宋国曾经的大贵族孔父嘉的后代。叔梁纥之子，便是千古圣人孔子考证参见附录10。《左传》的作者左丘明与孔子关系莫逆，偪阳之战发生的年代距离左丘明生活的时代不远，其中细节缺失不多，因此偪阳之战才会保留大量细节。❶

---

❶ 偪阳之战的史料可以流传至今，是一个有趣的文化现象。与之类似的例子，不胜枚举。例如，从古至今，流传最多诗篇的人是清朝的乾隆皇帝，一共传世四万首，若这些诗篇并非出自乾隆之手，凭借他的文采，绝不可能有如此多诗篇流传至今。再如，公认传世佳作最多的诗人，应是南宋爱国诗人陆游。陆游的传世诗篇共有9362首，是历代之最，他曾经说，自己写诗近六十年，得万篇。从诗篇数量看，陆游的大部分诗篇都被保留下来。其中的原因是陆游之子是南宋时期的大书商，能够刻板印刷出书。这才尽可能地流传下陆游的诗篇。偪阳之战的史料，原理也是如此。

19 夹缝求生
——郑国的神级外交

自从晋悼公继位后,中原一直陷于战乱中,"三驾疲楚"以及偪阳之战只是乱世之中的几缕狼烟。在此期间,春秋诸侯国之间的战争很多,国与国之间又有着千丝万缕的联系。在这沧海横流的时代,诸侯们彼此攻伐,共同勾勒出又一场春秋大乱斗。

长久以来,郑国在夹缝中苦苦求生,他们逐渐寻找到自己的谋生之路。在这场大乱斗中,郑国群臣们为后人献上了一场叹为观止的神级外交表演。

在"三驾疲楚"之前,秦国曾经出兵攻打晋国,当时晋国因为遭受饥荒,没能出兵报仇雪恨。君子报仇,十年不晚。公元前563年,晋军取得偪阳之战的胜利后,为了报复秦国的入侵,晋悼公命中军将荀罃,率军西征,讨伐秦国。

秦国和楚国的友谊源远流长,两国人民在反对晋国霸权主义的路上结下了深厚的友谊。在晋军大举压境之际,楚国为了缓解秦国的压力,计划讨伐晋国的盟友宋国。

同年六月,楚国的令尹子囊与郑军在宋国境内顺利会师,两军联合行动,直扑宋国都城商丘。六月十四日,商丘北城门桐门被围。

晋国正处于伐秦的军事行动中,他们无暇分身,于是派盟友卫国出兵援宋。郑国的大夫子驷是一个利己主义者,此前他只是想挑起晋楚两国之间的纷争，用祸水东引的计谋平息自己的弑君之罪，所以他并不想将郑国拖入战争的深渊。

大夫子驷有心退兵，同为郑国大夫的子展则坚决主张攻打卫国，他说："此前郑国已经得罪了晋国，万一再得罪楚国，郑国恐怕有亡国之危。如今郑军攻打卫国的目的是加强郑国与楚国的外交关系。"

大夫子驷反驳说："郑国已经不堪重负，我们无力再战。"

尽管大夫子驷独揽朝政，权势滔天，但他为人独断专行，在郑国内得罪了不少人，暗中反对他的大臣很多。大夫子展则据理力争，得到了很多人的支持，最终郑国兵分两路，侵袭卫国。

卫国大夫孙林父得知军情后，立刻安排巫师进行占卜，并且得到一个吉兆。孙林父向国君之母定姜请示。定姜回复说："既然占卜结果对卫国有利，那一切全由您做主。"

孙林父得到授权，果断安排卫军反击。郑军分兵前来，卫国则举全国之力反抗，此消彼长之下，结果如占卜所预料的一样，卫军大获全胜，并俘虏了郑军的主将。

可是这场混战远没有结束。同年七月，楚国令尹子囊再次联合郑国，将鲁国列为征讨对象。两军攻打至鲁国边境后，并没有停止征伐，他们又在回师路上攻打宋国。

这一战，楚军陈兵宋国边境，为郑军掠阵。郑军则势如破竹，横扫宋国北方疆土。郑国频频出兵，攻伐他国的行为，终于引发了众怒。同年秋天，齐国出面联合中原诸侯国，一同讨伐郑国。

当诸侯联军集结于虎牢城，准备攻打郑国之时，晋国刚好结束了伐秦的军事行动，于是晋国也派军前来，他们在虎牢附近的梧地和制地

筑城。❶

眼见郑国将遭遇灭顶之灾，事情却有了出人意料的发展。尉止因为不满大夫子驷在郑国专权，他联合国内五个不得志的宗族发动叛乱，他们冲入宫中将大夫子驷以及子国、子耳等党羽一并杀死，并劫持了年幼的郑简公，逃入北宫。

大夫子孔因为事前得知消息，才躲过一难。而郑国的群公子听到消息，纷纷展开平乱行动。大夫子产安排人戒严，任何人不得进出，随后他又安顿好百官，并组织了十七辆兵车，强攻北宫。在此期间，大夫子蟜也率领亲信前来相助，最终群公子杀死尉止，平定了内乱。

参与平乱的群公子，大多是郑穆公的子嗣，其中当数大夫子孔的声望最高，他是郑穆公之子，同时也是郑灵公与郑简公之弟。如今郑简公年幼，外有强敌虎视眈眈。在这危难之际，大夫子孔顺势担起重任，执掌郑国国政。

郑国连年征战，早已疲惫不堪，所以大夫子孔执政后做的第一件事，便是派人前往虎牢求和。

这一年，是晋国制定"三驾疲楚"战略的第二年，如果晋国与郑国和谈，楚共王十有八九会再次出兵北上，为了达到"疲楚"的目的，晋国答应了对方的请求。

果然，同年十一月，楚国令尹子囊再次率兵北上求援郑国。诸侯联军则开拔出征，他们绕过郑国都城，继续南下，并抵达阳陵❷。

晋军统帅荀罃准备以骄兵之计应对楚军，他下令晋军避开楚军锋芒，

---

❶ 今河南省郑州市荥阳市区附近。
❷ 今河南省许昌市西北方向。

等楚军心生轻视后，晋军再与对方开战。

可是这一次，晋军内部又出现意见不合的老问题。栾黡反对说："晋军兵强马壮，凭什么退让楚军？一味避战是晋国之耻。与其让晋军遭到诸侯耻笑，不如一死，我将单独前行。"

因此栾黡一意孤行，他命令手下将士继续前进。前事不忘，后事之师，当年邲之战的一切，历历在目。分兵冒进是兵家大忌，荀罃不敢怠慢，只能派兵追上栾黡。

终于，十一月十六日，晋楚两军驻扎于颍水两岸，隔江对峙。

在这场大战一触即发的关键节点，郑国又一次叛变。大夫子蟜观察到诸侯联军中，很多部队已经完成了撤兵的准备，因此这一战未必会打。他找到郑国群臣秘密商议说："无论郑国是否背叛晋国，诸侯联军都会撤兵。可是我们迫于形势，已经投靠了晋国。一旦晋国撤兵，楚国一定会秋后算账，继续讨伐我们，不如我们趁早投奔楚国。"

左右逢源是郑国的基本国策，郑国群臣一致通过了大夫子蟜的提议。郑军连夜渡过颍水，前去投奔楚国。

栾黡行事张狂且脾气暴躁，郑国的又一次背叛让他怒不可遏，栾黡当即下令攻打郑军。荀罃赶紧将他拦住说："如今郑国已经渡河，并且与楚军合兵一处。我们如果攻打郑国，楚军必会出手相助。这一战只能胜不能败，万一战败，将有损晋国在诸侯中的威信。渡水强攻实在得不偿失，我们必须撤兵。"

荀罃身为中军将，官位远在栾黡之上。栾黡心有不甘，却也无可奈何。最终晋军北归，楚军没有追击，也南撤回国。

这些令人眼花缭乱的战事，集中爆发于公元前563年下半年，最终以郑国叛晋投楚而告终。

数月后，郑国群臣敏锐地察觉到晋国"三驾疲楚"的战略，他们意识到，郑国在晋国眼中，不过是一个诱饵。

群臣商议后，达成了一个共识，晋国实力比楚国强，郑国如果不顺从晋国，只有死路一条。若晋国有争夺郑国的强烈意愿，楚国一定会避让。可是最近数年来，晋国似乎不急于让郑国归顺，他们每次速战速决，楚军则频频北上，郑国不可避免地沦为了两国的战场。如果让晋国全力攻打郑国，从而令楚国心生畏惧，不敢出兵援助，郑国也可以顺理成章地投靠晋国。

道理很简单，但如何实行，却是一个难题。在郑国群臣冥思苦想之际，大夫子展忽然提议说："宋国与晋国关系密切，不久前，晋国还借偪阳之战送给向戌封地。不如我们寻找机会征伐宋国。届时晋国一定会出兵伐郑，晋军一到，我们便向对方投降。楚军得知后，一定会出兵北上，楚军抵达后，我们也立刻向对方投降。这种首鼠两端的态度，一定会激怒晋国，晋国必会全力攻打我们，到那时，我们再故技重施，向晋国投降。晋军驻扎在虎牢，可以频繁出征，楚军却要劳师远征，反复数次，楚军无力北上时，我们便可以安心投靠晋国了。"

春秋时代之所以引人入胜，是因为在不经意的细节中，都散发出智慧的光芒。郑国群臣并不知晋国的计谋，但他们却能从蛛丝马迹中推理出事情的全貌。

公元前562年，郑国做出一连串的外交活动，步步惊心，环环相扣，令人叹为观止。

郑国先派郑宋边境的官吏挑衅宋国。宋国中计后，左师向戌率兵入侵郑国。郑国则立刻派大夫子展率兵反击。

郑宋之间的战争，果然引起了晋国的关注。夏季四月，诸侯们集结起大军，出兵讨伐郑国。四月十九日，宋军与齐军作为先锋部队，抵达郑国国都的东门，同一天晚上，晋国中军将荀䓨率军抵达郑国国都的西郊，数日后，卫国的孙林父也率军入侵了郑国北部边境。

同年六月，数路大军在北林❶集结，并将郑国都城新郑团团围住。

诸侯联军对这一战势在必得，他们还曾在新郑的南门外举行了一场军演。❷

谁都不曾料到，这一切都在郑国群臣的算计之中。一个月后，即公元前562年七月，郑国与诸侯们在亳地❸结盟。

晋国来势汹汹的伐郑之战，引起了楚共王的警惕，他派令尹子囊前往秦国请求援兵。秦国右大夫率军前来，加入楚共王麾下。

这一次，楚共王亲率秦楚联军，北上伐郑。令楚共王万万没想到的是，郑国早有准备，他们不仅没有丝毫抵抗，甚至群臣提前带着年少的郑简公，出城迎接楚军的到来。

亳地会盟后仅仅十几天，七月二十七日，楚军伐宋。

郑国此次投降如同儿戏，他们出尔反尔的态度，彻底惹恼了中原诸侯。同年九月，诸侯全军出动，再次讨伐郑国。❹

---

❶ 今河南省新郑市以北。
❷ 《左传·襄公十一年》："围郑，观兵于南门。"后世有人将晋军观兵南门视为"三驾疲楚"的一部分，笔者持保留意见。
❸ 今地不详。
❹ 《左传·襄公十一年》："九月，诸侯悉师以复伐郑。"

郑国则不慌不忙地派两位使臣前往楚国汇报，使臣传话说："郑国国君为社稷考虑，不能再效忠楚国。楚国国君如果能以玉帛贿赂晋国，令晋楚两国和谈，那便最好不过，如果不能，请以武力震慑晋国。若两者都不能做到，郑国只能归顺晋国。"

近两年来，楚共王数次为救援郑国而劳师北上，如今楚国已无力为继。楚共王也对郑国首鼠两端的态度不满，他囚禁郑国两位使臣，以泄心头之怒。可是楚国能做的，也仅此而已，他们只能眼睁睁看着郑国投靠晋国。

时至今日，郑国的神级外交终于大功告捷。九月二十六日，晋军将领赵武率军进入郑国国都新郑城，并与郑简公结盟。十月初九，郑国大夫子展出城拜见晋悼公，并将师悝、师觸、师蠲三位献给晋国，同时又奉上大量贡品。

郑国群臣费尽心思，将晋、楚两大强国玩弄于股掌之间，最终还能如愿以偿，此间种种，实为不易。随着郑国投奔晋国，楚国已经无力与晋国抗衡。晋悼公凯旋后，他曾由衷地感谢魏绛，晋悼公将郑国献上的乐器与乐队分出一半赐给魏绛，并且说："您教寡人与各个戎狄部落和好，并且帮助寡人整顿了中原诸侯国，八年之中，九合诸侯。请您与我一起享用。"❶

后人经常以"九合诸侯，一匡天下"八个字来形容齐桓公的霸业，而晋悼公也曾有九合诸侯的壮举，他与齐桓公相比，有过之而无不及。

在晋悼公霸业如日中天之时，此后数年，乱世又遇多事之秋。

---

❶ 《左传·襄公十一年》："晋侯以乐之半赐魏绛，曰：'子教寡人和诸戎狄。以正诸华。八年之中，九合诸侯，如乐之和。无所不谐。请与子乐之。'"

20 变故迭起
——又一个多事之秋

公元前561年，晋吴联盟的重要参与者，吴王寿梦不幸去世，他的与世长辞，为日益紧密的晋吴联盟，带来了一丝不确定性。

吴王寿梦之死，只是这个多事之秋的开端。

一年后，晋国中军将荀罃与下军佐士鲂相继离世。十几年前，他们曾经前往京师，迎接晋悼公回国即位。此后二人平步青云，双双跻身晋国八卿之列，荀罃更是坐稳头把交椅。如今物是人非，生前身后名已成一抔黄土，想必晋悼公也会感慨万千。

晋国的国政大事，不会因为故人辞世而废止。按照以往惯例，此时中军佐士匄应该晋升一位，接替荀罃的职位。

令晋悼公意外的是，士匄却主动辞让，他向晋悼公提议说："我从前辅佐荀偃，深知荀偃才华横溢，所以我请求国君提拔荀偃为中军将，我愿停留于原位。"

荀偃曾发动过弑君政变，晋悼公即位后，在晋国数次的人事调整中，荀偃都受到打压，官位不升反降，始终没能成为中军将。

晋悼公自然不愿意提拔荀偃，他对士匄百般劝说，士匄却不为所动，始终坚持己见。晋悼公无奈，只能依照士匄的提议，将荀偃升为中军将，士匄留任中军佐。

随后晋悼公准备委派韩起，接任荀偃留下的上军将一职。韩起是姬姓士大夫，他身上有曲沃桓叔的血脉。从用人亲疏的角度分析，晋悼公有意将上军将之位，留给姬姓血脉之人。

韩起也十分谦让，他对晋悼公说："臣下的才能不及赵武，请您提拔赵武为上军将。"

晋悼公并没有死心，他又找到另一个有姬姓血脉之人，这人便是栾书之子——栾黡❶。

栾黡也当面拒绝了晋悼公的好意，他说："臣下的才能不及韩起。既然韩起愿意让赵武位居上位，您还是听从韩起的劝谏，命赵武统率上军吧。"

晋悼公从谏如流，他便任用赵武为上军将，韩起则成为上军佐。同时，栾黡担任下军将，魏绛担任下军佐。因为晋悼公手中没有合适的人选统领新军，他将新军的兵力即将领划分给下军，并取消了晋国新军的建制。

至此，晋文公创立的六卿制度，经历半个多世纪的扩张与缩减，最终重归六卿。这仿佛印证了历史的轮回。

在晋悼公做出人事调整的同一年，楚国经历了更大的权力更迭。这一年，楚共王病危，他将群臣召集在病榻前，语重心长地吩咐说："我德行不足，年少即位，十岁时痛失先君，还没能好好学习治国之道，便承担起国君之职，以致楚军在鄢陵之战中败北，有辱江山社稷。我身为楚王，无颜面对列祖列宗，所以寡人想用'灵'或者'厉'作为谥号，请诸位大夫商量一下，选择哪个谥号为好。"❷

---

❶ 晋悼公与栾黡和栾鍼的关系并不恶劣，此处可与栾书消失之谜相印证。

❷ "灵"或者"厉"都是恶谥，乱而不损曰灵，戮杀不辜曰厉。这是楚共王的自责。

20 变故迭起——又一个多事之秋

病榻前的大夫们悲从中来，众人无言以对，不愿接受楚共王的遗命。楚共王连续五次下达命令，众人才勉强领命。

同年秋天，楚共王霸业未竟，便落寞去世。令尹子囊召集楚国大夫们商议楚共王谥号之事。

大夫们说："先君已经有过遗愿，我们应该服从君命。"

令尹子囊是楚共王之弟，他不忍心兄长留下身后恶名，于是令尹子囊反对说："先君遗命展现了他谦恭的美名，我们不能用恶谥作为先君的谥号，诋毁他的功绩。先君吏治清明，执政期间安抚蛮夷，征伐南海，并且令中原诸侯从属于楚国，他对楚国的功大于过。况且先君去世前，又能自治其过，他的所作所为，当得起"共"字，请用"共"字作为他的谥号吧。"❶

楚共王一生与群臣为善，楚国大夫们连连点头同意，最终，楚共王的谥号定为"共"字。

和很多国君一样，楚共王也面临着没有嫡长子的窘境。秦楚两国的友谊源远流长，秦景公曾将妹妹秦嬴嫁给楚共王为夫人。史书中没有记载二人的婚配日期，但秦嬴没能为楚共王产下子嗣。

而在楚共王的众多子嗣中，他最宠爱五个儿子。楚共王不知道立谁为太子，于是他想出一个很有时代特色的对策。楚共王派使臣带着一块玉璧去祭祀星辰山川的众多神灵。使臣将玉璧向神灵展示后，他下拜祈祷，祈求神灵从五人之中选择一人，以便日后继承楚国的江山社稷。

使臣完成祭祀活动后，带着玉璧归来。楚共王又派人将玉璧偷偷埋在祖庙的庭院中，随后他命五个儿子沐浴斋戒，准备妥当后，五人按照长幼

---

❶ "共"字同"恭"，过而能改曰"恭"。

次序进入祖庙参拜。楚共王则躲藏在暗处，观察谁跪拜时能碰触到玉璧的埋藏地点，谁便可以继承皇位。

最终大公子膝盖跪在玉璧上，二公子胳膊压在了玉璧上，三公子、四公子没有碰到玉璧，五公子当时年幼，被随从抱着进入祖庙，五公子跪拜了两次，两次都压到了玉璧。

按照祭祀时与神明的约定，五公子应该继承国君之位，可是楚共王却心生悔意，最终他立长子为太子，即后世的楚康王。

《左传》用"弃礼违命，楚其危哉"八个字评价楚共王的行为，这意味着违背天命，楚国将大祸临头。

后来楚共王的长子去世后，四公子趁机弑杀新任楚王，并自立为王，史称楚灵王。楚灵王执政后昏庸无道，楚人暴动，推翻楚灵王的统治，楚共王的五公子趁势即位，史称楚平王。

看似《左传》中的评价一语成谶，实际上，《左传》中的这句话，写于鲁昭公十三年，即公元前529年，彼时楚灵王已经外出逃亡。《左传》的记载，虽然有事后诸葛的嫌疑，却反映了春秋史官敬畏鬼神的思想。

公元前560年前后，是春秋历史的转折点，晋楚争霸也将进入尾声。而诸侯之间的主战场，则由中原地区转移到了长江流域以及吴越地区。当然，这个巨大的转折是由多重因素共同推动的，并非一朝一夕可以完成。

当楚共王去世的消息传到吴国时，新任吴王诸樊意识到，这是伐楚的天赐良机。吴王诸樊比他的父亲更加野心勃勃，而且他有一个与其他诸侯国君截然不同的性格特征，吴王诸樊轻慢鬼神，在他眼中，鬼神之说只是无稽之谈。

正因如此，吴王诸樊不在意伐丧不祥的鬼神之说，他趁楚国国丧之

20 变故迭起——又一个多事之秋

时,下令吴军出兵伐楚。

楚国素来轻视吴国,楚康王没有怯战,他命楚军迅速反击。此时楚军先锋部队的主将是春秋第一神箭手养由基,他分析吴军不知道楚国会迅速反击,对方一定会疏于防备。养由基命人在敌军的必经之路设置三重埋伏,则带着小股部队前去诱敌,将吴军引入埋伏圈。

最终,吴楚两军在庸浦狭路相逢,养由基以有心算无心,诱敌深入。吴军中计,落入楚军的圈套中,最终大败而归,历史上将这一战称为庸浦之战。

吴王诸樊不甘心在庸浦之战中败北,在数月后,即公元前559年年初,吴王诸樊派使臣前去晋国通报败北之事,并请求晋国伐楚。可是晋国身为中原霸主,又是姬姓诸侯国,国内群臣深受礼乐制度的影响。当上军佐士匄接见吴国使臣时,他痛斥吴王诸樊伐丧之举,并拒绝了其伐楚的请求。

吴国使臣自讨没趣,只能匆匆离去。这件事让晋吴两国的关系迅速冷却,从此之后,直到吴王诸樊去世,史书很少有这段时间里晋吴两国往来的记载。

不过,这并没有从根本上改变两国的地缘关系。公元前559年发生了两场战争,恰恰证明晋吴两国注定是天然的盟友。

第一场战争,发生在秦晋两国之间。在晋国实行"三驾疲楚"战略时,秦国曾经趁晋军南下的机会,出兵攻打栎地,当时守将士鲂因为轻视秦军,致使晋军败北。于是在公元前559年,晋悼公为了报栎之战的一箭之仇,召集诸侯联军西征,讨伐秦国。

大军开拔出征后,晋悼公坐镇秦晋边境,他命令晋国六卿悉数入秦作战。当诸侯联军抵达泾水岸边时,晋军忽然停下了脚步,他们没有率先渡河。诸侯们见状，也停下行军步伐，不愿率先渡河。

诸侯们在泾水岸边大眼瞪小眼，场面有些尴尬。鲁国和莒国一向是晋国的拥趸，他们为了打破僵局，率先准备船只渡河。而郑国刚投靠晋国，他们也想表达对晋国的忠心，于是郑国大夫子蟜对卫军将领北宫懿子说："我们亲附晋国，如果三心二意，一定会引起晋国的不满，那么我们将如何自立？"

北宫懿子很赞同大夫子蟜的提议，二人一起前往诸侯军中游说，并取得了良好的成效，诸侯们纷纷准备渡河。

诸侯联军渡河后，秦国不肯服输求和，可是麻隧之战败北的阴霾仍未散去，秦军又不愿意力敌，他们派人在泾水上游投毒，一时间诸侯联军的将士死伤无数，军心有些动摇。

郑国大夫子蟜抓住机会，他一马当先率军向秦国腹地挺进，诸侯联军见状，一扫低迷的士气，跟着郑国一同挺进，数日后大军抵达棫林❶，此时秦军仍然不愿求和，于是晋国中军将荀偃决定开战。

然而在战前，晋军再次出现老问题——战前意见不合。这一战，是荀偃担任中军将以来的第一战，他自然希望通过一场大胜，来提升自己的威信。荀偃下令说，明日清晨鸡鸣时分便做好作战准备，全军塞井夷灶，唯我马首是瞻。❷

下军将栾黡却不愿服从命令，他抓住荀偃命令的漏洞，反驳说："晋国从来没有以马首的朝向，来决定前进方向的命令，我的马首向东，那我

---

❶ 秦国地名，位于泾水西南面，今地不可考。
❷ 《左传·襄公十四年》："鸡鸣而驾，塞井夷灶，唯余马首是瞻。"成语"马首是瞻"便出自此处。

20 变故迭起——又一个多事之秋

只能向东撤兵。"

栾黡抗命，让荀偃一时间不知所措，很多晋军将士也不清楚何去何从。因为魏绛是晋悼公的心腹，很多人偷偷跑去问他："您真的打算与栾黡一同撤兵吗？您不等待中军将荀偃的命令吗？"

魏绛很无奈，他只能回答说："中军将荀偃在战前让我服从主将之命。如今栾黡是主将，我只能听从他的命令。"

如此这般，晋军的下军在栾黡的率领下，连夜撤兵。

晋悼公在裁撤新军时，将新军的兵力和将领都划分给下军。在这一时期，下军的实力很强，不容小觑。分兵冒进又是兵家大忌，如果荀偃强攻秦国，获胜是分内之事，若是败北，他必会以身殉职。无奈之下，荀偃只能下令全军后撤。

晋国史书将这场发生在公元前559年的伐秦之战称作迁延之战。此前发生的战争，大多会以战争地点命名。但迁延之战不同，"迁延"并非地名，而是拖拖拉拉的意思。换言之，由于晋军在这一战中拖拖拉拉，这次战争才会被称为迁延之战。

栾针对晋军撤兵之事耿耿于怀，他对战友士鞅说："我们为了报复栎之战败北，才西征伐秦，现在大军不战而退，简直是晋国之耻，我们栾氏与士氏都有位列六卿的将帅，你不感觉耻辱吗？"

栾针是栾黡之弟，士鞅是士匄之子。因此，他口中提到的六卿将帅，便是指中军佐士匄与下军将栾黡二人。

士匄与栾黡的关系，远比人们想象的亲近。士匄曾将女儿嫁给栾黡，他二人更是岳婿关系。

士鞅与栾针沾亲带故，平时多有走动，他在栾针的煽动下，听信了对方的话，他们驾驶兵车冲入秦军阵营。二人奋勇杀敌，栾针战死沙场，士鞅则死里逃生，捡回一条性命。

栾黡得知后震怒不已，他将黑锅甩在士鞅头上。栾黡找到士匄说："我弟弟本不想作战，是你儿子煽动他冲入敌军阵中。结果我弟弟战死，你儿子却活着回来。是你儿子杀死了我弟弟，你如果不将他赶走，我便杀了他为我弟弟报仇。"

栾黡做事不计后果，他敢与岳父如此说话，可见他心中愤怒无比。士匄熟知女婿的性格，他担心儿子发生意外，便安排士鞅前往秦国流亡。

士鞅在秦国流亡时，秦景公曾经问他："晋国这些大夫中，谁会先灭亡？"

士鞅回答说："我估计是栾氏。"

秦景公又问："是因为他骄横吗？"

士鞅再次确认说："是的，栾黡骄横暴虐，一定会招来祸患，但他的父亲栾书在百姓中还留有口碑，所以这祸患会在栾黡之子的身上应验。"

迁延之战发生时，栾书已经在史书中消失了十几年。由士鞅的话可以看出，栾书在晋国的口碑极佳，而且对晋国以影响深远。

公元前559年的第二场战争，发生在吴楚两国之间。

迁延之战发生后不久，同年秋天，楚康王为了扩大庸浦之战的战果，派令尹子囊从棠地❶出师，征讨吴国。

棠地远离晋国，吴军面对强敌，凭借天险避战不出。楚军久攻不下，便撤兵回国。此时令尹子囊率领中军断后。撤退途中，令尹子囊轻视吴

---

❶ 古地名，今江苏省南京市六合区西北面。

军，没有加以防备。吴军借助地利优势，拦腰截击楚军。楚军措手不及，三军顾此失彼，首尾不能相救，最终惨败而归。

从庸浦之战和迁延之战中，不难发现地缘因素对春秋格局的影响。晋、楚、秦、吴四国，因为地缘因素，自然而然地形成了远交近攻的格局。

至此，不得不佩服申公巫臣那神之一手的布局，自从吴国崛起，这个被楚国忽视的东南小国，逐渐成为楚国的噩梦考证参见附录11。

21 湛阪之战
——晋楚争霸的谢幕战

公元前557年，时任齐国国君齐灵公率兵包围了鲁国的成地❶。

齐国名义上是晋国的盟友，但他们也是极为特殊的诸侯国。齐国历代国君都想重现齐桓公的霸业，他们偏居一隅，却一直伺机而动。

鲁国面对齐国的入侵，并没有投降求和。他们在成地修筑防御工事，抵御来犯敌军。同年秋天，齐灵公又煽动齐国的附属国邾国和莒国攻打鲁国。

齐国位于鲁国的国境之北，而邾国和莒国位于鲁国的国境之南。因此，鲁国腹背受敌，难以为继，鲁襄公只能派使臣前往晋国求援。

晋国君臣对此十分重视，晋悼公立刻着手讨伐邾国和莒国的军事行动，然而，晋悼公尚未出兵就忽然身患重病。无奈之下，晋国援助鲁国的行动，只能暂时搁浅。

谁都不曾想到，事情急转直下，晋悼公的病情越来越严重，同年冬天，未满三十岁的晋悼公，匆匆离开人世。当真是铁打的春秋，流水的风流人物。

晋悼公谥号为"悼"，"悼"自意为年中早夭。纵使天妒英才，但晋悼公短暂的一生仍然极为精彩，他挟天子而令诸侯，和戎狄以征四方，联宋纳吴，八年之中，九合诸侯，将晋国的霸业推至巅峰。彼时，晋国震齐，

---

❶ 今山东省泰安市宁阳县东北方向。

21 湛阪之战——晋楚争霸的谢幕战

慑秦，疲楚，天下无人与之争锋。

晋悼公去世后，太子姬彪即位，史称晋平公。晋平公也是一位少年国君，可惜他的才华不及父亲，因此当时晋国的国政大权集中于以荀偃为首的六卿之手。

晋国六卿针对齐国伐鲁之事进行过商议，他们推测齐鲁内讧应该与晋军在迁延之战中表现糟糕有很大关系。众人计划以晋国新君即位为借口，举行一场大规模的会盟，以加强晋国的霸主地位。

晋平公在荀偃等朝中重臣的陪伴下，率领晋军沿黄河而下，在温地召集齐、鲁、宋、郑以及其他小诸侯国进行会盟。在会盟中，晋平公命令诸侯之间不得征战，并要求诸侯们将侵占的土地退还。

晋国君臣为了立威，在会盟中宣告邾国和莒国的国君暗中勾结齐国和楚国，晋军将二位国君羁押，以此敲山震虎，警醒其他诸侯。

齐国早有背叛晋国之心，因此齐灵公并没有参与会盟，只是派齐国大夫高厚前来。齐灵公的缺席已经引起了晋国的不满，可高厚在会盟期间的言谈举止非常失礼，他并没有把晋国放在眼中。

当时晋平公和诸侯在温地宴饮，按照礼乐制度，大夫们在宴会上吟唱的诗词和舞蹈应该互相匹配，可是高厚很随意，他的诗词与舞蹈并不匹配。

荀偃大发雷霆，他当众含沙射影地说："有诸侯国将对晋国不忠。❶"

高厚为人机敏，他察觉到气氛不对，在宣誓前，他便赶紧逃回齐国。高厚的举动，激怒了晋国君臣，荀偃在盟辞中说，"同讨不庭"，这四个字的本意是共同讨伐不忠于盟主的诸侯，言外之意则是晋国将会讨伐齐国。

---

❶ 《左传·襄公十六年》："荀偃怒，且曰：'诸侯有异志矣。'"

这次会盟地点在晋国境内的温地，此处距齐国长达千里，即便伐齐，也需要一些时日准备。偏偏此时，许国国君许灵公暗中向晋国投诚，他希望晋国能帮助许国迁都到远离楚国的地方。

当年许国曾有过一次迁都，那一次，他们从郑国境内，迁到楚国境内。此时晋国实力如日中天，楚国霸业早已出现疲态。许灵公想要一个更强大的靠山，因此向晋国提出请求。

不承想，许国的大夫们不同意迁都之事。于是许国内部出现了巨大的分歧，而许国的战略位置很重要，其位于楚国边境，是一块天然的伐楚跳板。

晋楚争霸绵延近百年，在晋国眼中，楚国的威胁远大于齐国，晋国群臣觉得许国迁都之事，是一个伐楚的好机会。因此在会盟结束后，荀偃将征讨齐国之事暂且放在一边，转而着手准备伐许之战。

鲁国和郑国对此表现积极，鲁国因为需要晋国伐齐，因此鲁襄公在温地会盟后没有回国，而是直接率兵参与晋国伐许之战。郑国与许国恩怨已久，他们在外交上又倒向晋国，加之许国位于郑楚边境，种种因素叠加，郑国大夫携年幼的郑简公一同出征。

同年六月，晋、鲁、郑三国联军陈兵许国边境，六月初九，联军横扫许国。此时晋国露出了真实意图，他们继续挥兵南下，马不停蹄地攻入楚国的本土。

楚军毫不示弱，楚康王立刻组织楚军反击。最终双方在湛阪对阵沙场❶。湛阪二字中的"湛"字，代表湛水，"阪"字代表长阪，意为高坡。

---

❶ 今河南省平顶山市西北方向。

21 湛阪之战——晋楚争霸的谢幕战

因此湛阪二字并非具体地名，而是指湛水北面的高坡。

史书上并没有记载这次战争的过程以及细节，《左传》仅用寥寥数字，将战争结果告知后人——"楚公子格帅师及晋战于湛阪，楚师败绩。晋师遂侵方城之外，复伐许而还。"

《左传》多次提及方城，当年齐楚对决召陵会盟时，楚大夫屈完不卑不亢地对齐桓公说："我楚国以方城为城，以汉水为池，纵然诸侯联军人多势众，恐怕也不能取胜。"

晋军在方城外攻城略地，楚军只能坚守城池，无力反击。随后晋军再度伐许，这场发生在公元前557年的战争，以晋国大胜而告终。

湛阪之战后不久，宋国大夫向戌推动晋楚和谈，并促成第二次弭兵会盟，此后数十年的光阴中，中原没有再出现大规模的战争。因此湛阪之战，也成为晋楚争霸时代的绝唱。从公元前632年的城濮之战开始，到公元前557年的湛阪之战结束，长达七十五年的晋楚争霸，缓缓落下了帷幕。在此期间，晋楚双方一共进行了十三场战争❶，晋国共计十一胜两负，其中三大战役分别为城濮之战、邲之战以及鄢陵之战，而晋国也取得了二胜一负的佳绩。

楚军仅在楚庄王时代，取得了北林之战和邲之战的胜利。而在邲之战中，又存在诸多巧合。因此纵观晋楚争霸的全局，晋国无愧为春秋霸主之名。

---

❶ 这十三场晋楚战争先后为：城濮之战、方城之战、北林之战、柳棼之战、颍北之战、邲之战、绕角之战、破沈之战、鄢陵之战、彭城之战、焦夷之战、湛阪之战、晋破楚方城之战。

22 平阴之战
——和平的前夜

在湛阪之战结束的同一年，齐、鲁两国再燃烽火，那年秋天，齐灵公再度出兵围困鲁国的成地。短短半年时间，齐灵公两伐鲁国，让鲁国苦不堪言。

鲁国一面拼死抵抗，一面派使臣叔孙豹前往晋国求援。晋国态度却非常暧昧，他们搪塞说："先君刚刚去世，还没有举办葬礼。况且晋国人民常年征战，早已疲惫不堪，请恕晋国不能出兵救援。若不是遇到这种情况，晋国君臣绝不会忘记与鲁国盟誓的誓言。"

晋国的外交辞令很成熟，换句通俗的话诠释，那便是地主家也没有余粮，实在爱莫能助。

叔孙豹听完很委屈，从晋成公时代开始，鲁国一直奉行联晋制齐的外交路线，他们为晋国称霸立下了汗马功劳。仅仅几个月前，鲁襄公得知晋国伐许，他甚至没返回鲁国，就带领随从直接投入道湛阪之战中，而当时鲁襄公的随从，正是叔孙豹。

因此叔孙豹很了解晋军的动向，他根本不相信晋国的一面之词。此前晋悼公同样没有下葬，晋军却依然出兵伐许，甚至攻入楚国本土。如今鲁国求援，晋国却找些冠冕堂皇的理由搪塞。叔孙豹心中不免感慨万千。

可惜形势比人强，叔孙豹只能苦苦哀求，但晋国群臣不为所动，始终不肯出兵。叔孙豹很聪明，他知道晋国国君年幼，晋国大权落在六卿之手。他若想请晋国出兵援鲁，只能想办法说服六卿中的重臣。

因此叔孙豹前去拜见六卿之首的荀偃，并且作诗一首送给对方，名为《圻父》❶，叔孙豹在诗词中暗讽晋国身为春秋霸主，在其位不谋其政，罔顾盟友安危，令鲁国百姓受苦。

荀偃听完后很惭愧，答复叔孙豹说："我知道错了，我将与您共商大计。"

叔孙豹又去拜见六卿排行第二的中军佐士匄，他将《鸿雁》❷一诗中的末章赠与士匄。叔孙豹借诗咏志，向士匄诉说鲁国忧困不安的窘境。

士匄听完很感动，他回答说："有我在，岂能让鲁国朝不保夕？"

荀偃与士匄信誓旦旦的话，并没有改变鲁国的困局。他们也没有立刻出兵伐齐援鲁。晋国姑息纵容的态度，让齐国有机可乘。

公元前556年，齐灵公兵分两路，入侵鲁国北部。齐灵公率军兵围桃地❸，与此同时，齐国大夫高厚也将防邑❹围得水泄不通。

防邑是鲁国两朝元老臧武仲的封邑❺，战事突如其来，臧武仲来不及撤离，被困在城中。

---

❶ 《圻父》现在作《祈父》，收录于《诗经·小雅》。据中华书局出版的《左传》注解，圻父是官名，掌管封畿之地兵甲的司马。
❷ 《鸿雁》收录于《诗经·小雅》。
❸ 今地不可考。
❹ 今山东省临沂市费县东北。
❺ 臧武仲，即臧孙纥，又称臧孙、臧纥，谥"武"，臧文仲之孙，臧宣叔之子。臧武仲是鲁国文化名人，他的智慧深受孔子推崇。臧武仲后因鲁国去权臣排挤，流亡至齐国，而后臧武仲为齐国修建点将台，后世称为臧台。清代光绪间年编纂的《益都县图志》以及《寿光县志》记载，"臧台"因鲁国大夫臧武仲重修此台而得名。

鲁军从阳关❶出兵迎接臧武仲，但他们不敢与齐军正面交锋，鲁军行进到旅松❷便不敢继续北上。

叔梁纥以及臧氏族人率领三百精兵，夜袭齐军，将臧武仲救出护送到旅松，随后这支精英部队再次返回防邑，与齐军作战。

在鲁国的拼死抵抗下，齐军不久后从防邑撤兵。齐军回国后，并没有放弃对鲁国的骚扰，同年冬天，齐国第二次指使邾国入侵鲁国南部国境。可是鲁国的噩梦依然没有终结，一年后，即公元前555年秋天，齐灵公卷土重来，他再次命齐军入侵鲁国北部。

这是齐国两年内第五次伐鲁之战，晋国忍无可忍，他们终于决定，出兵伐齐援鲁。晋军统率荀偃在出征前，却做了一个诡异的噩梦。在梦中，荀偃与晋厉公争吵，而且荀偃没能吵赢。晋厉公则用大戈击杀荀偃。荀偃的脑袋应声落地，他跪着把脑袋安好，双手抱头便逃，并遇到了梗阳❸的一个巫师，接着荀偃便从梦中惊醒。

荀偃醒来后，心中惴惴不安，他毕竟是弑杀晋厉公的凶手之一，时隔多年，荀偃仍不敢忘记。数日后，荀偃刚好在路上遇见梦中的巫师，于是他将梦中之事一一道来。

巫师听完大惊失色，他对荀偃说："不瞒大人，前几天我也做了一个梦，梦里的所见所闻与您一模一样。"

荀偃追问对方这梦境是吉是凶，巫师摇头说："您一定会在今年死去。不过伐齐之战势在必行，您将在这次出征中获得战功。"

---

❶ 今山东省泰安市东偏南。与后世"西出阳关无故人"中的阳关同名不同地。
❷ 鲁地名，距离防邑不远。
❸ 古地名，今山西省太原市清徐县附近。

22 平阴之战——和平的前夜

荀偃沉思片刻，追问说："有什么破解之法吗？"

巫师摇头说，没有，这是您的命数。

荀偃听完反而如释重负，他感慨说，既然这是我的命数，那我便坦然赴死。

很快，晋国召集了鲁、宋、郑、卫、曹等十二路诸侯，联合征讨齐国。

当晋军抵达黄河岸边时，荀偃在渡河前用红色丝线系着两对玉璧，虔诚地跪地祷告说："齐国国君倚仗地形险要和人多势众的优势，背弃诸侯间的盟约，欺凌虐待百姓。晋军将替天行道，率诸侯前去征讨。我荀偃作为晋国之臣，愿为国君鞠躬尽瘁。如果我不能取得胜利，我发誓不再渡河回国。"

荀偃在黄河岸边发下誓言，他带着慷慨赴死的信念，率领大军东渡黄河，公元前555年10月，各路诸侯率领麾下兵马齐聚济水河畔，众人在鲁国边境会盟，准备征讨齐国。

随着诸侯联军抵达平阴城，历史上著名的平阴之战就此打响。虽然平阴之战发生于晋楚争霸的主线外，但因为这场战争精彩纷呈，许多后人将这一战评价为春秋战争史的巅峰之作。四大兵圣之首的孙武，对平阴之战推崇备至，甚至《孙子兵法》中的很多军事思想，都脱胎于平阴之战中。

齐灵公没有投降求和，他命人在平阴❶修筑防御工事，战前，齐军曾在城外挖出宽一里多的壕沟。兵车是春秋时期的主战兵器，而只有在平坦的地面上，才能最大限度地发挥兵车的作用。齐军挖掘壕沟，目的便是降低兵车的机动性，借此将来犯敌军拒于城外。

---

❶ 今山东省济南市平阴县附近。

齐灵公的宠臣夙沙卫观察平阴的地形，他认为大费周章地修筑防御工事，事倍功半。夙沙卫认为，齐军应该借助平阴附近多山地的特点，利用地利优势据险而守，与敌军周旋。

于是夙沙卫求见齐灵公，他提议说："大王，敌我实力相差悬殊，我们不如省点力气，退守到险峻地带，据险而守。"

或许是因为晋军在不久前的迁延之战中的表现不尽如人意，给了齐灵公信心，让他误以为齐军可以与晋军一争高下。因此齐灵公固执地拒绝了夙沙卫的提议，他下令城中守军迎敌作战。

现实总是残酷的，随着平阴城外的战鼓声响彻大地，诸侯联军们前仆后继冲向平阴城门。齐军死伤惨重，城门失守只是时间问题。❶

齐国大夫析文子察觉情况不对，再这样下去，齐军恐怕会全军覆没。于是他趁着休战之时，偷偷跑到晋军营中寻找好友士匄刺探军情。

士匄贵为晋国中军佐，稳坐六卿第二把交椅，他见析文子前来，立刻将对方的心思猜得八九不离十。士匄语重心长地说："您与我相识一场，我便与您实话实说吧，如今鲁国人和莒国人提议率领一千辆兵车从另一侧进攻齐国，我们国君已经同意。到时候齐国腹背受敌，将会有亡国之危。您何不先替自己谋划后路呢？"

士匄的话，无异于危言耸听。当年郤克伐齐，所率兵力也不过八百兵车，以鲁国和莒国的实力，很难出动千辆兵车。不过齐国大难临头，析文子如同惊弓之鸟，他对士匄的话深信不疑。析文子马不停蹄地跑回平阴城，将军情上报给齐国君臣。

---

❶ 《左传·襄公十八年》："诸侯之士门焉，齐人多死。"

22 平阴之战——和平的前夜

晏婴❶，晏氏，字仲，谥"平"，史称"晏子"，夷维（今山东省高密市）人，春秋时期齐国著名政治家、思想家、外交家。晏婴的思想和逸事典故多见于《晏子春秋》，其中以"晏子使楚"的典故最为大众所熟知。听罢，长叹一声说，我们国君并不是勇猛之人，现在他听说这件事，恐怕坚持不了多久。

在齐军上下一片悲观之时，晋军则安排人手查探附近的地形，他们在大军无法抵达的地方插满战旗，佯装布置成稀疏的阵列。晋军又在战车旁安排一些假人，造成人多势众的假象。同时，晋军还在战车后面绑上树枝，当兵车行进时，扬起漫天尘土，仿佛几十万人同时攻向平阴城。

齐灵公登上巫山❷眺望战场，这草木皆兵的景象让他心生畏惧。齐灵公丢下平阴城的守军，从前线仓皇逃回齐国国都。

国君弃守平阴的消息令齐军军心大乱，同月二十九日，齐军也弃守平阴城，连夜遁逃。

晋国军营中的很多将领察觉到了平阴城的异动，不停地有将领前去向晋平公汇报说，大王，平阴城上乌鸦叫声欢畅，守军应该已经弃城而逃，因此乌鸦才没有被惊走。

也有将领跑去向荀偃汇报说："荀将军，我听见平阴城中一直有马匹嘶鸣，马通人性，他们在别离时，总会嘶鸣不止，所以齐军应该已经不在城中了。"

尽管种种迹象表明齐军已经撤退，但晋军主帅们依然很保守，他们又

---

❶ 晏婴，姬姓（一说子姓）。
❷ 又名孝堂山，位于今山东省泰安市所辖肥城市西北方向。

观察两天，确定不是陷阱，才下令士兵们进入平阴城。

诸侯联军夺取平阴城后，并没有撤兵，他们马不停蹄地对齐军展开追击。

齐国将领夙沙卫见晋军不肯罢休，他命人将装载辎重的大车连接在一起，堵住狭窄的山隘。夙沙卫自愿断后，想为齐军撤退争取时间，他的手下却拦住他，愿取而代之，完成断后的阻击任务。

然而诸侯联军占据绝对的兵力优势，他们没用多长时间，便吃掉了齐军断后部队。晋军本想继续追击，但鲁军与卫军却想稳扎稳打，先吃下据险而守的齐军，之后再追击。

晋国不愧为春秋的超级大国，晋军将领们的军事素养更高，对战事的判断也更准确。毕竟齐国守军在平阴城死伤无数，如今齐灵公带着残兵败将退守国都临淄，已经是强弩之末。对晋军来说，此时正是收割战果的良机。

最终晋军决定兵分三路追击敌军，挺进临淄。十一月十三日，荀偃和士匄率领晋国中军攻下京兹❶，同月十九日，魏绛与栾盈则率领晋国下军攻占了邿地❷，赵武和韩起率领晋国上军包围了卢地❸，可惜赵武和韩起二人没能攻克卢地，为了不拖累全军的攻势，他们二人放弃强攻，率兵绕过卢地继续向临淄挺进。

十二月初二，三路兵马在临淄西门外的城郊会合。齐都临淄是春秋战国时代著名城池，城防坚固，易守难攻。尽管齐军损失惨重，但如果他们依靠残存的兵力坚守城池，晋军一时半会儿很难攻破临淄。

---

❶ 古地名，今山东省泰安市下属肥城市东南面，即位于平阴东南向的城池。
❷ 古地名，同在山东省泰安市下属肥城市，位于平阴以西。
❸ 齐地名，位于临淄与平阴之间。

22 平阴之战——和平的前夜

时值隆冬，强攻的代价过于巨大。最终晋军采用了春秋战争中罕见的火攻。十二月初三，晋军火烧临淄西城门和南城门的外城，三日后，晋军又火烧临淄的东城门以及北城门的外城。

烈火过境，临淄城外一片焦土，城门即将在火中崩塌。齐灵公自知临淄也将失守，他没有半点国君的担当，准备驾车外逃到东海之滨的邮棠❶。邮棠濒临大海，若晋军再追击而至，齐灵公将退无可退，如果他想保留最后的尊严，唯有投海自尽一条路可走。

于是齐国太子光和大夫郭荣将他拦住，郭荣劝谏说："晋军的攻势又急又猛，他们坚持不了多久，再说，大王您身为一国之君，不能轻易离开国都，否则军心涣散，齐国必败。"

齐灵公阴沉着脸，不肯听从劝谏，他下令车手强行冲破二人的阻拦。太子光情急之下，抽剑砍断马鞍，这才将齐灵公拦下。

此时临淄城摇摇欲坠，诸侯联军在齐国境内如入无人之境。当齐国面临灭顶之灾时，却发生了三个变数，令平阴之战出现了新的走向。

第一个变数与郑国有关。郑国大夫子孔接手国政大事后，为了进一步巩固权势，他利用楚国发动政变。

楚康王也想趁平阴之战做一些事情，他派人询问当时的令尹子庚，不料对方却一口否决。楚康王不甘心，他又派人对令尹子庚说："如今楚人都在说寡人执政后没有率兵出征，有愧于楚国列祖列宗。我即位至今已有五年，楚军却从未上阵杀敌，人们误以为寡人只顾安逸，忘记了楚国的霸业。请您替寡人考虑一下。"

---

❶ 今山东省青岛市即墨区附近。

令尹子庚不由得叹气自语:"我这样做都是为了楚国。"

他回复楚王使臣说:"诸侯们与晋国和睦,既然楚王想要出征,那便趁晋国伐齐,试探一下。如果可行,楚王便继续北上,如果不可行,请立刻退兵。"

楚康王同意他的请求,令尹子庚这才率领楚军北上。楚军的异动,让晋国君臣措手不及。如果现在撤兵,伐齐之战只能功亏一篑,可是不撤兵,任由楚军北上,又会对晋国的霸业产生很大的不确定性,毕竟左右逢源是郑国的基本国策,晋国并不寄希望于郑国的忠诚度。

为了稳妥起见,晋军暂停攻势,他们撤退到齐国边境督扬❶。在晋军高层举棋不定时,师旷❷,故自称盲臣或瞑臣,古人传说师旷是太极拳开创者,并善于卜卦推演,被尊崇为算命先生的祖师爷。此外,也有传说师旷可以听到天庭之音,他同时精通鸟兽语言,师旷抚琴时,能使凤凰来仪,是神话传说中顺风耳的原型。他艺术造诣极高,著名琴曲《阳春》《白雪》即为其所作,民间附会出许多师旷奏乐的神异故事。今河南开封禹王台即师旷曾演奏乐曲之古吹台,洪洞县曲亭镇师村有师旷墓遗址。师旷不仅在音乐、政治、道学等方面有卓越贡献,而且著有《禽经》,总结了我国先秦以前的鸟类知识。他安慰众人说:"南风不竞❸,楚国不一定能成功。"

---

❶ 今山东省济南市西南。

❷ 师旷,字子野,平阳人,先秦著名音乐大师,古人称之为乐圣。郑国为投靠晋国,将师旷等乐师献给晋悼公。而后师旷便在晋国担任太宰一职,掌管宫廷乐器。传说师旷生而无目(一说为专心练琴自己刺瞎眼睛)。

❸ 《左传·襄公十八年》:"南风不竞,多死声。楚必无功。"此为成语"南风不竞"出处,本意是南方的曲调不强,象征着死亡的声音,后人用"南风不竞"形容对手不强。

师旷名声在外，晋军众人听他这样说，瞬间放宽了心，他们决定先结束眼前的平阴之战。

令尹子庚率军抵达郑楚边境的汾地❶后，用练兵的方式试探郑国的反应。当时大夫子蟜、大夫伯友和大夫子张随郑简公远征齐国。大夫子孔、大夫子展以及大夫子西则留守国内。不过大夫子展和大夫子西察觉到大夫子孔的阴谋，他们下令加强守备，坚守国都新郑。

大夫子孔见无机可乘，他不敢出城与楚军会合。

令尹子庚见郑国不应战，他抓住机会，下令楚军继续北上。当大军抵达鱼陵❷后，楚军兵分两路，右军在上棘❸筑城，随后他们渡过颍水，驻扎于旃然❹。楚军将领蒍子冯和公子格则率领楚军精锐绕过梅山❺，攻打郑国的东北部，一直攻打到虫牢❻。虫牢的位置很敏感，这里位于晋、卫、宋、郑四国交界地带，楚军精锐抵达虫牢，仍然没有见诸侯前来援助郑国，他们放下心来，回师郑国都城新郑，与楚军主力会合。

大军集结后，令尹子庚下令攻城，偏偏此时，大雨骤起，楚军遭遇天灾，伤亡惨重，保障后勤的杂役部队几乎全军覆没。❼

师旷"南风不竞"的预言一语成谶，楚军失去后勤保障，无法久战，只能撤兵回国。

---

❶ 今河南省许昌市西南面，颍水南岸。
❷ 古地名，今地不详。
❸ 今河南省许昌市代管的禹州境内。
❹ 河流名称，即索水，源自河南省荥阳市以南。
❺ 今河南省郑州市境内，与新郑接壤。
❻ 今河南省新乡市封丘县以北。
❼ 《左传·襄公十八年》："甚雨及之，楚师多冻，役徒几尽。"

在楚军伐郑受挫的同时，又发生了第二个变数——晋国中军将荀偃病重。当时荀偃的额头上莫名其妙生出一个恶疮。同僚们担心荀偃的病情，便先送荀偃回国。

出征前，荀偃曾经在黄河边发下毒誓，不胜不归。在他刚刚渡过黄河后，病情就急剧恶化，随时都有可能命丧黄泉。

士匄收到消息后，立刻前来探望，可是荀偃并没有让他进门，因为荀偃的病状十分恐怖，两只眼睛已经凸出，仿佛下一刻便会爆裂。

士匄只好在门外询问说："您想让谁做您的继承人？"

荀偃在屋内回答："我想立荀吴" ❶。

士匄记在心里，并嘱咐荀偃安心养病。

公元前554年二月初九，荀偃没能度过这个生死劫，他病逝于归途中。荀偃去世时，双眼圆睁，双唇紧闭。在传统观念中，这是死不瞑目的征兆。此外，古人认为玉有灵性，死者口中含玉，可以令尸身不腐。荀偃双唇紧闭，自然无法放入珠玉。

士匄与荀偃交情莫逆，他遣退下人，亲自为荀偃盥洗尸身。而后士匄抚摸着他的遗体说，我会像侍奉您一样，侍奉荀吴，请您安心上路。

士匄说完，眼前的遗体仍然不肯闭目。士匄有些迷茫，当时栾盈也在场，他推测说："会不会是因为伐齐之战没有完成，荀大人遗愿未了，不肯闭目呢？"

士匄听完，又抚摸着荀偃的遗体说："我向河神发誓，一定秉承您的

---

❶ 荀吴，即荀偃之子，又名中行穆子。因为他的母亲是郑国女子，史书上也将他称作郑甥，即郑国的外甥。

22 平阴之战——和平的前夜

遗愿,将伐齐之事完成。"

士匄话音刚落,荀偃的遗体竟然缓缓闭上双眼,双唇也随之松动,已经可以将珠玉放在他的口中。

士匄安置好荀偃的遗体,出门后不由得感慨:"荀偃死后依然心系晋国江山社稷,我身为大夫,与他相比,实在太浅薄了。"

与栾书一样,后人也很难用寥寥几句话,评价荀偃的一生。他们二人,既有弑君的恶行,又有忠君爱国的举动。况且晋悼公执政后,数次打压荀偃,但从来没有荀偃记恨晋悼公的记载。

唐代诗人白居易曾经在《放言》中写道:"周公恐惧流言日,王莽谦恭未篡时。向使当初身便死,一生真伪复谁知?"无数千古人物,忠奸难辨,或许将青史中的名字,还原成一个有血有肉的人,这才是历史的温度。

荀偃去世后,中军佐士匄晋升一位,成为晋国新任中军将,他遵循自己对荀偃的承诺,继续进行伐齐之战。

恰好此时,平阴之战的第三个变数,如约而至。在荀偃去世后仅仅两个月,齐国国君齐灵公也病重了。

当时齐国的权臣崔杼趁国君病重之机,将太子光请回国都临淄。太子光为了阻拦齐灵公弃守临淄城,挥剑斩断了齐灵公的马鞍。后来他担心遭到齐灵公的报复,便外出流亡。❶

太子光重回临淄后,立刻杀死了威胁他太子之位的对手戎子,甚至将

---

❶ 齐庄公身为太子时,曾以为齐灵公的宠臣夙沙卫在暗中策划,想要废除自己的太子之位,于是齐庄公率领心腹外出流亡。齐庄公即位后,夙沙卫为了寻求自保,逃到高唐避难。同年十一月,齐庄公亲率大军征讨高唐,夙沙卫败北,被齐军剁成肉酱。

戎子的尸首陈列于齐国朝堂之上。

齐灵公在病榻上得知这个消息后，当场急火攻心，一命呜呼。

公元前554年五月二十九日，齐灵公去世，太子光即位，史称齐庄公❶。

此时此刻，士匄正为了履行诺言，在率军攻打齐国的途中。晋军行至半路，士匄收到了齐灵公病逝的讣告，他秉承伐丧不祥的礼乐制度，只能长叹一声，率兵原路返回。❷

至此，耗时近一年的平阴之战，才宣告结束。中原连年混战的局面，终于出现了偃旗息鼓的迹象。诸侯们迫切需要止戈停战，以便休养生息。在这种背景下，春秋时代重大的转折点，如期而至。

---

❶ 后人为了区别两位齐庄公，又将太子光称为齐后庄公。
❷ 当年吴王诸樊趁楚国国丧出兵伐楚，士匄得知后拒绝出兵，并痛骂吴国，可见士匄深受礼乐制度的影响。

23 二次弭兵会盟——时代的选择

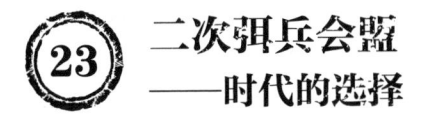

自从湛阪之战结束后，十余年的时间内，晋楚两国再没有正面对阵沙场。

此后晋国中军将荀偃去世，士匄成为新任中军将，而赵氏孤儿的主人公赵武，几经沉浮，也坐上了晋国六卿的第二把交椅，他成为新任中军佐。

公元前548年，士匄去世，赵武则顺理成章地担任了中军将一职。这一年，距离赵盾去世已长达半个世纪，下宫之难也过去了三十五个春秋。数十年的沧海桑田过后，赵氏家族终于重归荣耀。

此时晋国六卿名单为中军将赵武、中军佐韩起、上军将荀吴（中行吴）、上军佐魏舒、下军将士鞅（范鞅）、下军佐荀盈（智盈）。赵、魏、韩三大家族，已经从晋国众多氏族中脱颖而出。

在赵武主政前，晋国刚刚经历了栾盈之乱考证参见附录12，虽然晋国群臣成功平乱，同时又收服齐国，但连年征战也让晋国亟须休养生息。放眼天下，宋、鲁、卫三国向来与晋国交好，齐、郑两国又相继归附，晋国的霸业无可动摇，止戈停战，维持旧有的春秋格局，是晋国最好的选择。

在这种形势下，赵武开始号召天下共和。他的主张很快得到了秦国的响应。一年后，时任秦国国君秦景公派人出使晋国，并向晋国递交国书。赵武对此十分重视，派人与秦国使臣洽谈。在赵武的推动下，秦、晋两国议和。这次议和具有划时代的意义，之后接近一百年的光阴中，两国之间再没有大规模的征伐。

在赵武升任中军将的同年,楚国令尹蒍子冯(孙叔敖之侄)去世,楚国贵族子木接替他的位置,成为新任令尹。

宋国左师向戌与令尹子木私交甚笃,赵武又主张天下共和,向戌敏锐地察觉到时代的诉求,他决定效仿当年宋国大夫华元的举动,推动晋楚和谈。

于是向戌前往晋国拜访赵武,并将推动晋楚和谈的想法告诉对方,这与赵武的想法不谋而合。赵武很快召集晋国六卿商议,中军佐韩起也十分支持和谈,他在会上说:"征伐之事,劳民伤财,中原众多小国也难以承受。如今宋国派人推动和谈,如果我们不答应和谈,对方就会去楚国游说,万一楚国答应,并以此号召诸侯响应,晋国恐怕将失去霸主之位。"

既然中军将与中军佐两人都同意和谈,其他六卿也没有异议,晋国便答应了向戌的请求。

向戌离开晋国后,马不停蹄地南下拜见令尹子木。彼时宋、鲁、卫、郑、齐、秦等诸侯都归附晋国,楚国在争霸中处于绝对的劣势。更让楚国烦心的是,从公元前549年起,楚国与吴国间连续三年征战,楚国无法支撑两线战场,因此令尹子木毫不犹豫,便答应和谈之事。

除了晋、楚两国,齐国和秦国也是割据一方的强国,赵武曾经对向戌说:"晋、楚、齐、秦四个国家地位相等,晋国并不能指挥齐国,如同楚国不能指挥秦国一样。如果楚国能让秦国参加会盟,我们晋国也将竭尽全力,说服齐国参加会盟。"

赵武的话极具参考价值,他从局内人的角度,客观地评价了春秋四大强国的地位,即四国之间有强弱之分,但同属于一个级别的强国。

甚至,即使到了战国时代,历史走向的主要推动者,依然是晋、楚、

23 二次弭兵会盟——时代的选择

齐、秦四大强国，只是晋国分裂，化为赵、魏、韩三国。燕国因为孤悬海外，在战国风云变幻中，借势成为七雄之一。从春秋到战国，漫长的五百年间，江山依旧，群雄未改。

向戌为了推动和谈，开始辗转于四国之间，在向戌的努力下，公元前546年，晋、楚、齐、秦四大春秋强国发表公告，并通知各路诸侯前往宋国参加会盟，历史上将这一次会盟称作第二次弭兵会盟。

从公元前632年的城濮之战开始，晋楚两国争霸近百年，长期的对抗让彼此之间缺乏信任。史书便将他们之间的猜忌记录在册。

参加弭兵会盟的各路诸侯匆匆修筑篱笆，作为界线将彼此隔开。晋国和楚国各自驻扎于两侧。

晋国大夫忧心忡忡地对赵武说："我察觉楚国那面的气氛不对，担心他们会突然发难，请您提前提防。"

赵盾事先已有考虑，他回答说："我知道，所以我安排晋军驻扎在宋国边境，一旦出现变故，我们可以立刻进入宋国都城，到时候晋军依托商丘城对抗楚军，对方将束手无策。"

晋国提防楚国的同时，楚国也时刻提防着晋国，同年七月初五，各路诸侯即将在宋国西门外结盟时，楚军将士全副武装，他们在外衣下穿着皮甲，时刻准备兵戎相见。

从晋国叛逃到楚国的伯州犁觉得楚军的做法有失妥当，他找到令尹子木说："令尹大人，各路诸侯信任楚国，才会前来会盟和谈，可是您看楚军全副武装，有失君子风度，不如您下令让将士们将皮甲脱掉。"

令尹子木连连摇头，他回答说："多年以来，晋楚双方都没有讲过信用。所以我们只做对自己有利的事情，如果能保护楚国的利益，信用不值一提。"

伯州犁长叹一声，他回来后感慨地说："以令尹子木的行事作风，他最多活不过三年。"❶

赵武察觉到楚军全副武装，神情不怀好意，他心中难免犹豫。可是赵武主张天下共和，他又不能在诸侯面前率先动手。正当赵武左右为难时，他的手下叔向劝谏说："赵大人，您不必多虑，普通人违背誓言，尚且会遭到神明的惩罚。令尹子木身为楚国的正卿，他不敢在会盟上做出不义之举。退一步说，如果令尹子木真的背信弃义，诸侯们一定会支持晋国，我们又可以依靠宋国都城防守，即使楚军兵力再增加一倍，也无济于事。甚至，我们应该期盼楚国当众背信弃义，届时楚国威信尽失，这对晋国霸业非常有利。"

叔向言之有理，赵武听完，便稍稍放宽心神。

会盟和谈在双方的互相猜忌中，以一种诡异的气氛继续进行。最终，以晋、楚两国为首的诸侯们制定了一个方案——晋、楚和谈，他们以霸主身份平分天下，除齐国、秦国外，其他诸侯将分别向两国朝贡。

歃血为盟是春秋会盟的最后一个流程，在这个环节中，晋楚双方又争执起来。

赵武以晋国是诸侯的盟主为由，要求主持仪式并率先歃血。令尹子木则宣称楚国与晋国地位相等，如果一直由晋国主持仪式，对楚国不公平，他议题两国应该轮流主持。

---

❶ 史书中对令尹子木的记载极少，二次弭兵会盟后，令尹子木身死，晋国曾派大臣至郢，为其吊丧。

在二人争执不下时，叔向上前悄悄把赵武拉到一旁，小声劝说："赵大人，您不必与令尹子木争夺。诸侯们归顺晋国，是因为晋国仁德，这和谁支持会盟关系不大。况且之前会盟时，一向由小国主持仪式，楚人愿意主持，您不如满足他们。毕竟，以大局为重。"

在叔向的劝说下，赵武勉强同意让令尹子木先歃血为盟。可是史书《春秋》在记录时，却以晋国重信用的理由，将晋国的名字记录于楚国之前。❶

在诸侯们歃血为盟后，著名的二次弭兵会盟，终于缓缓落下帷幕。在随后近四十年的光阴里，中原诸侯之间，再无大规模的混战。

可和平的代价，却是小诸侯们难以承受之重。除齐国与秦国外，参与会盟的小诸侯们，需要同时向晋、楚两国进贡，这是大国对小国的剥削。随着时间的流逝，大国越来越强，而小国越来越弱，时代不可避免地迈入了新的阶段。

无论如何，二次弭兵会盟，终究是春秋时代的一个里程碑，自平王东迁以来，郑庄公箭射天子，楚武王崛起荆楚，齐桓公一匡天下，楚成王逐鹿中原，晋文公一战而霸，秦穆公饮恨崤函古道，楚庄王饮马黄河，晋悼公三驾疲楚，一幅幅壮丽的篇章，共同勾勒出东周帝国的落日余晖。金戈铁马，鼓角争鸣，这场由权谋与争斗组成的交响曲，成为弭兵会盟上久久不散的余音。

---

❶ 《春秋》一书，总体持褒晋贬楚的态度，此处便是细节之一。

24 晋楚争霸尾声
——秉笔直书的华夏风骨

在晋楚争霸即将结束时,《左传》中记载的一件小事,展现了春秋史官们的风骨。

故事的主人公名为崔杼,他是齐国的一位大夫。崔杼身上有着姜尚的血脉,据史书记载,姜尚去世后,长子齐丁公继承了国君之位,崔杼便是齐丁公的后代。

因为这个渊源,崔氏经过数百年发展,逐渐成为齐国的大贵族。崔杼接手族长之位后,崔氏一族的权势达到了巅峰。

崔杼早年深受齐惠公的宠信,可惜齐惠公去世后,齐国的另一个权贵高固将他驱逐出楚国,从此崔杼开启了流亡生涯。

没有人知道崔杼那些年的经历,当他再次出现在史书中时,已经是齐灵公时代,而且崔杼平步青云,活跃于齐国的朝堂之上,史书多次记载他代表齐国参加诸侯会盟之事。

在平阴之战中,齐国发生一系列动荡,崔杼抓住机遇,他迎回流亡在外的太子光。后来太子光发动政变,夺取国君之位,摇身一变成为齐庄公。崔杼因从龙有功,手中的权势开始急速膨胀。

崔杼的夫人名为东郭姜,她生得貌美如花。当年崔杼对东郭姜一见倾心,坠入情网无法自拔,他此生非东郭姜不娶。

可东郭姜是姜姓后人,崔杼也是姜姓后人,依照同姓不婚的规则,他们

24 晋楚争霸尾声——秉笔直书的华夏风骨

二人不能成亲。崔杼不顾礼法的约束,他义无反顾要将东郭姜迎娶过门。

可是,按照明媒正娶的礼仪,新人在成婚前,需要先纳吉,即占卜二人的生辰八字是否匹配。占卜的卦象显示,崔氏迎娶东郭姜乃大凶之兆。崔杼再次不顾众人反对,他坚持将东郭姜娶入府中。

美貌是上天赐予女人的一把"双刃剑"。齐庄公一见东郭姜便惊为天人,他垂涎对方的美貌,多次借故前往崔府,并暗中调戏东郭姜。崔杼碍于齐庄公的国君之尊,一直容忍,可是齐庄公却越来越肆无忌惮。

彼时崔杼权倾朝野,他忍无可忍,于是萌生了弑君的念头。

公元前548年五月,莒国国君朝见齐庄公时,崔杼谎称身体不适,没有去上朝。齐庄公便以探病为由,前往崔府私会东郭姜。

这是一个蓄谋已久的陷阱。崔杼早已在暗中设好埋伏,耐心等待对方上钩。齐庄公兴致勃勃地迈入崔府,正在此时,准备多时的刀斧手将他团团围住。齐庄公面对杀气腾腾的众人,心生畏惧。他在府中高声呼喊崔杼,口中不停地认错。

崔杼怒火中烧,并没有回应对方。齐庄公又呼喊说:"我可以发誓,再也不觊觎你的夫人。"

崔杼依然没有回应。此时齐庄公走投无路,他只好施展缓兵之计说:"我做出这样的丑事,愧对祖宗。毕竟你我同出一宗,请你让我去宗庙里自尽谢罪。"

崔追始终没有开口,此时他的身旁随从回复齐庄公说:"大王,您的臣子崔杼有病在身,不能听从您的命令。我们奉命搜捕淫乱之人,请您恕罪。"

齐庄公心知今日崔杼决心弑君,他拼死一搏,准备翻墙逃走。崔府家

175

兵丝毫没有手软,他们张弓搭箭,射中齐庄公的大腿。齐庄公应声跌落院中,最终被乱刀砍死。

崔杼弑君之事很快传遍国都临淄城。晏婴匆匆赶往崔府,他的手下出口相问:"晏大人,您准备为国君而死吗?"

晏婴摇头否认说:"他又不是我一人的国君,我不会为他而死。"

手下人追问说:"国君已死,我们是否要逃?"

晏婴又说:"我没有做错事,也没必要逃。"

手下人有些不知所措:"那我们要回去吗?"

晏婴说:"国君已死,我们能回哪里去?"

手下人摸不清晏婴的心思,便直言问道:"您究竟是什么打算?"

此时晏婴才说:"国君作为百姓的君主,应当主持国政,而不是凭他的地位凌驾于百姓。我身为臣子,应当守护国家,而不是为了获取俸禄。今日国君若是为齐国而死,我自当尽忠,随他一起去死。但他是因自己而死,所以我不会自尽,也不会逃,我们暂且在崔府门外等候。"

不久后,崔府大门洞开,晏婴从容迈入府中,他枕着齐庄公尸体的大腿放声痛哭,而后依照礼数跳跃三次,以示哀悼,做完这一切,晏婴离开了崔府。

崔杼的手下曾建议将晏婴杀死。崔杼却摇头反对,他说:"晏婴是齐国百姓敬仰之人,放他离去,我们可以得到民心。"

此时,齐国太史也赶到了弑君现场,崔杼对太史公说:"你在史书上写国君因身患疟疾而死。"

太史一言不发地摇了摇头,他在竹简上刻下了一行字:"夏五月乙

24 晋楚争霸尾声——秉笔直书的华夏风骨

亥，齐崔杼弑其君光。"❶

崔杼见状大怒，当即拔剑杀死了太史。依照春秋惯例，史官之位乃是家族传承，即太史身死，则由他的弟弟继承其位。

很快，太史的弟弟也赶到了事发现场，崔杼威胁他说："你若想活命，便写国君因身患疟疾而死。"

太史的弟弟视死如归，也在竹简上刻下一行字："夏五月乙亥，齐崔杼弑其君光。"

崔杼怒气不减，他手起刀落，将太史的弟弟也斩于剑下。

此后，太史的兄弟们前赴后继赶往崔府，他们无一例外，都在竹简上刻下十一个字："夏五月乙亥，崔杼弑其君光。"

崔杼连杀三位史官，崔府一时间血流成河。太史的又一个弟弟来到崔府，崔杼执剑站在血泊中，只问了对方一句话："你们不怕死吗？"

这位史官沉默如海，他也低头在竹简上刻下十一个字："夏五月乙亥，崔杼弑其君光。"

崔杼沉思良久，长长叹了一口气，放掉了那名仅剩的史官。史官带着竹简从崔府走出时，遇见了同行南史氏，史官诧异地询问他为何前来。南史氏回答："听说史官一家全部被杀，我担心崔杼篡改历史，因此带着竹简赶来，既然你已经刻下竹简，我便先回去了。"

《左传》仅用短短四十七个字，将此事记录在案，可是这简短的语句，带给后人无尽的震撼。

《左传·襄公二十五年》："大史书曰：'崔杼弑其君。'崔子杀

---

❶ 《左传·襄公二十五年》："夏五月乙亥，齐崔杼弑其君光。"

之。其弟嗣书，而死者二人。其弟又书，乃舍之。南史氏闻大史尽死，执简以往。闻既书矣，乃还。"

史官们明知必死，却依然执简以往。在生死面前，史官们有着虽千万人吾往矣的决绝，这便是历史的厚重。

中国的历史是一个整体，这是中华民族不可或缺的组成部分。无数史官，不惜性命，也要将真实的历史记录下来。作为后人，我们除了敬仰先辈，更应该尊重历史，将历史传承下去。

我们从刀耕火种的时代走来，我们有过愚昧落后，也有过百家争鸣，我们有过汉唐盛世，也有过国破家亡，但从公元前783年开始，我们的历史再无断代，中华民族始终是这片土地的主人。

以古为镜，可以知兴替。五千年的风雨，不曾磨灭中华民族的风骨，所以中华民族必会复兴，诸位皆是这一历史时刻的见证者。我坚信，无论世界如何风云变幻，中华民族都将屹立于世界之上，这是我们内在的精神气质。

曾经山河破碎的岁月中，鲁迅先生在《热风·随感录四十一》中写过这样一段话："愿中国青年都摆脱冷气，只是向上走，不必听自暴自弃者流的话，能做事的做事，能发声的发声，有一分热，发一分光，就令萤火般，也可以在黑暗里发一点光，不必等候炬火。此后如竟没有炬火，我便是唯一的光。"

如今盛世再临，愿山川无恙，愿中华长存。

附录

附录1
解张考证

解张在史书上曾经出现过两次，第一次在晋文公重耳刚回晋国即位之时，解张为介子推抱不平，曾经上书给晋文公重耳，即公元前536年左右。第二次是在公元前589年的鞌之战之时。

很多人将这两个人相提并论，笔者认为有失妥当，因为这两个时间跨度太大。笔者翻阅史料后，在此提出自己的观点。

解张，姬姓，今山西省临猗县人，公元前536年左右，解张为介子推鸣不平以后，晋文公将解张分封在解邑，同时又将他称为大夫。史书中记载解张时，通常以张侯称呼他。张侯更像是一个称号，而非具体的姓名。

诸如此类的逻辑，贯穿于先秦史书，例如申侯、郑伯的称呼，这些称呼下涉及数代继承者。我们不能将郑伯这个符号下的所有郑国国君都视为同一人。

因此在解张这个符号下，存在两代的可能性很大。

附录2
"三周华不注"之考证

《左传·成公二年》记载："齐师败绩。逐之，三周华不注。"中华书局版的《左传》对此注解为："齐军大败，晋军追赶齐军，绕华不注山跑了三圈。"

笔者认为，中华书局版的注解有失偏颇，理由如下：

其一，华不注山位于今山东省济南市东北角，海拔仅有197米，周长仅有数千米，四周则是一马平川的平原地带。

其二，在鞌之战中，郤克率兵车八百乘远道而来，与齐军杀得难解难分，因此齐国投入的兵力，应该与晋国是同一数量级，即双方共投入兵力约十万人。

结合以上两点推断，以华不注山的地形地势，很难让十万人绕山追击。北京香山海拔575米，占地面积为188公顷，规模远胜华不注山。然而香山日承载游客上限为一万人，历史峰值为十三万余人，彼时香山已经人满为患。

在鞌之战中，晋军只需在山脚下兵分两路，便可以前后包抄齐军。齐军也可以逃往四周的平原地带，两军大可不必绕华不注山三周。

笔者认为，三周华不注应当被翻译成将齐军重重围困在华不注山下，围困了三层。

此外，逢丑父李代桃僵，替齐顷公被俘。齐顷公脱险后，曾经多次组织人手冲入晋军。《左传·成公二年》记载："齐侯免，求丑父，三入三出。"

当时齐军已经战败，他们却能三进三出，说明晋军阵形比较分散，没能在战场的局部地区形成优势兵力，这种现象有可能是由于晋军包围华不注山造成的。

附录3
棋盘型军事地理格局

饶胜文所著《布局天下：中国古代军事地理大势》（解放军出版社2001版）一书中提到："在中国古代历史遗产中，论军事地理大势者，代有所出。言兵，论政，说地，也都与此有所关联。从《孙子》十三篇，到贾谊《过秦论》；从诸葛亮《隆中对》，到杜佑《通典·兵典》；从李吉甫《元和郡县图志》，到顾祖禹《读史方舆纪要》等，我们可以看到：不论是从军事、政治、地理着眼，还是从某一局部的发展进退着眼，抑或是从总揽全局着眼，军事地理大势都是人们所关注的。唐人李吉甫《元和郡县图志》序称："古今言地理者凡数十家，尚远古者或搜古而略今，采谣俗者多传疑而失实，饰州邦而叙人物，因丘墓而征鬼神，流于异端，莫切根要。至于丘壤山川，攻守利害，本于地理者，皆略而不书，将何以佐明王扼天下之吭，制群生之命，收地保势胜之利，示形束壤制之端，此微臣之所以精研，圣后之所宜周览也。"李吉甫是中唐后期的一位名相，史家称他"该洽典经，详练故实"，"善任贤良"，乃"经纬之臣"❶。他上面这段话，包括了政治、军事、地理等几个方面的含义，具有典型的意义。顾祖禹《读史方舆纪要》是中国古代军事地理的代表作，总揽"州郡之分合"，辨析"形势之重轻"是其所长；详论山川险易，古今用兵战守、攻取之所宜，以及兴亡得失成败之缘由，是其主旨，包含了丰富的知识和智

---

❶ 《旧唐书·李吉甫传》。

慧，启迪后人思考者多矣。"

饶胜文先生根据先贤的观点，提出"中国古代军事地理格局是一种棋盘型格局"的观点，关中、河北、东南和四川是其四角，山西、山东、湖北和汉中是其四边，中原为其中央腹地。

虽然中国幅员辽阔，但在历代战争中，上述的九大区域起到了决定性作用。一般说来，山地的断层地带或者江河源流穿切山岭所形成的河谷低地便于作为穿越山地的交通孔道。例如，关中四塞、太行八陉所扼通道及穿越秦巴山地的几条栈道便是如此。江河主要是作为人力、物力运输的交通线。以江河作为险阻，还须在那些重要渡口或支流与干流的交汇处建立据点，以确保对这些江河的控制。例如，黄河的孟津和蒲津渡口、长江的瓜洲渡和采石渡以及淮河的颍口、涡口、泗口等处，都伴随有重要军事据点的形成。有山地险要可以凭恃，则易于在纷乱的局面中建立根据地，形成局部的秩序，积蓄力量；有江河水道可以流通，则便于向外部投递力量，便于向外扩展，也便于介入全局。

晋国借山西表里山河的险峻地势，成为春秋第一强国；楚国以荆楚九省通衢的枢纽地势，整合长江中游的诸多关隘，成为春秋第二强国；齐国依靠山海丘陵，据守一方，位列春秋第三强国；秦国凭借关中的山河四塞，最终东出函谷关，一统天下。

在春秋末期，吴越两国相继崛起，依然离不开东南地区的地理大势。申公巫臣推动晋吴联盟，则推动了东南地区崛起的速度。

附录4
申公巫臣入吴时间考证

《左传·成公七年》记载：巫臣请使于吴，晋侯许之。吴子寿梦说之。乃通吴于晋。以两之一卒适吴，舍偏两之一焉。与其射御，教吴乘车，教之战陈，教之叛楚。置其子狐庸焉，使为行人于吴。吴始伐楚，伐巢、伐徐。子重奔命。马陵之会，吴入州来。子重自郑奔命。子重、子反于是乎一岁七奔命。蛮夷属于楚者，吴尽取之，是以始大，通吴于上国。

成公七年即公元前584年，后人根据《左传》的记载，认为申公巫臣在这一年前往吴国。

然而，《左传》为了叙事方便，常常将以往发生的事情，记录在某一年中。

从逻辑上分析，申公巫臣在公元前584年才前往吴国的记载并不合理。众所周知，军事是综合国力的表现，军事实力的提升并非一日之功。申公巫臣入吴的第一年，吴国便可以军事实力大增，足以让楚国的令尹子重与司马子反二人往来奔波七次，此事不合逻辑。

另外，申公巫臣亲族被杀之事，与鄢之战发生于同年，即公元前589年，与《左传》记载的申公巫臣入吴相差5年。申公巫臣为何会隐忍5年，才实施报复行动呢？

相比较而言，明代文学家冯梦龙先生所著《东周列国志》中的描述，似乎更符合逻辑。书中第五十七回中这样描述：

"巫臣听到家族被杀的消息，便写信给这两人（令尹子重与司马子反二人），大意是：你们以贪谗来侍奉君王，滥杀无辜，我一定让你们疲劳地死在路上！

婴齐等把信藏起来，不让楚王知道。巫臣为晋国筹划计策，请求和吴国友好，并把车战的方法教给吴人。留儿子狐庸在吴为官，晋吴通信往来不绝。从此，吴国势力日益强大，兵力日益强盛，把楚国在东方的属国都夺了过来。寿梦还自称为王。

楚国边境常被吴国侵伐，没有太平的年月。后来巫臣死了，狐庸又用屈姓，便一直在吴国为官，吴国用他做相国，把国政交给他。"

《东周列国志》的描述与《左传》的记载高度一致，唯一不同的是，《东周列国志》中的描述更符合逻辑，即吴国在晋国的帮助下，兵力日益强大。经过实力提高的过程后，吴国才可以在5年后让楚国疲于奔命。

附录5
文学作品中的"赵氏孤儿"

"赵氏孤儿"是历史中的著名典故，无数文人以"赵氏孤儿"为原型，创作出优秀的文学作品。现今最流行的《赵氏孤儿》主要有两个版本，版本一出自元代戏剧大家纪君祥先生的《赵氏孤儿大报仇》（又名《赵氏孤儿怨抱怨》），版本二出自明代文人冯梦龙先生的《东周列国志》。两个版本"赵氏孤儿"的故事走向大同小异，框架来源于《史记·赵世家》的记载。

法国著名作家伏尔泰偶然间读到《赵氏孤儿》的戏曲，他沉迷于精彩纷呈的故事剧情，因此耗时数年，将《赵氏孤儿》改偏为新的剧本，冠以《中国孤儿》之名，于1775年8月在法国巴黎的各家剧院上映，并取得了巨大成功。

伏尔泰改编的《中国孤儿》全剧共5幕。他将故事时间由春秋时代改为元朝初年，将屠岸贾改为鞑靼皇帝成吉思汗，虽然伏尔泰沿用了"搜孤""救孤"的情节，但其矛盾内涵与性质却不一样。冲突主要在攻入燕京后搜捕前朝遗孤的成吉思汗，与藏匿遗孤的前朝遗臣张惕及其妻子伊达梅之间展开，通过成吉思汗和伊达梅之间的情感纠葛，挖掘男女主人公内心深处感情与理性之间的冲突，表现"理性与天才，对盲目、野蛮的暴力所具有的优越性"，强调道德的力量，传达出法国大革命前夕启蒙思想家的社会理想追求。

优秀的文学作品可以跨越国界，笔者将以元曲《赵氏孤儿大报仇》和《东周列国志》为框架，分别改编，以飨读者。

《赵氏孤儿大报仇》故事主线：

晋景公在位时，最信任的两位大臣，分别是文臣赵盾和武将屠岸贾。

屠岸贾一心想要除掉赵盾，于是他暗中招募勇士，计划刺杀赵盾。杀手钼麑得知后，便动身前去拜见屠岸贾。

屠岸贾问他："我需要一个勇猛之人，不知你是否能胜任？"

钼麑二话没说，一头撞向旁边的大树，当场头破血流。钼麑面不改色，以此证明自己的勇猛。

屠岸贾见状大喜，便将刺杀赵盾的任务交给了钼麑。

钼麑前去刺杀赵盾时，却被对方的忠君爱国之举感动，他不忍心杀害忠良，因此撞树自尽身亡。

屠岸贾暗杀计划失败，他一计不成，又生一计。当时晋灵公赏赐给屠岸贾一条恶犬，屠岸贾命人在后花园扎了一个稻草人，穿着打扮与赵盾一模一样，并在草人的腹中挂有一副羊肠。

屠岸贾先将恶犬饿上五六天，然后再让饥肠辘辘的恶狗扑上去撕咬草人腹中的羊肠。如此训练了很长时间，恶犬一看见赵盾打扮的人，便会扑上去撕咬。

一切准备妥当后，屠岸贾找到晋灵公说："大王，您赏赐给臣的那条狗是一条神犬，它能分辨不忠不孝之人，您要不要试试看？"

晋灵公听得新奇，他召集朝中大臣前来大殿商议要事。众人到齐后，晋灵公命人关门放狗，屠岸贾立刻松开缰绳，恶犬直扑赵盾而去。

赵盾不明所以，只能绕着大殿四处逃窜，多亏殿前太尉提弥明出手相助，手持大锤将恶犬击杀。

趁这机会，赵盾逃出殿门，他准备上车逃走时，却发现车轮早已被人卸下。赵盾只能仰天长叹说："天要亡我。"

正当此时，赵盾曾经救过的灵辄出手相助，他一手驾马，一手扶着车轮，帮赵盾逃脱。

赵盾大受感动，询问灵辄的姓名，灵辄恭敬施礼，却没有透露姓名，便悄然离去。

赵盾逃脱后，屠岸贾便趁机在晋灵公面前搬弄是非，他唆使晋灵公将赵盾一家三百口赶尽杀绝。赵盾之子赵朔的夫人赵姬是晋灵公之女，当时赵姬已有身孕，赵朔便将赵氏香火延续的希望寄托在夫人身上，他临死前对公主赵姬说："夫人，如果来日你生下儿子，请叫他赵氏孤儿。等他长大后，一定要替我赵氏一族报仇雪恨。"

不久后，赵姬果然产下一子。屠岸贾顿时坐立难安，他要斩草除根，以绝后患。因此，屠岸贾命令武将韩厥封锁国都，同时四处贴满告示——谁敢隐藏赵氏孤儿，杀无赦。

公主赵姬被困宫中走投无路，她只好将赵氏孤儿交给赵氏的门客程婴，随后上吊自尽。程婴经过一番乔装打扮，将孤儿装入药箱，准备逃出城去。不料却被韩厥抓个正着。

程婴只能晓之以情、动之以理地劝说韩厥。因赵盾曾经有恩于韩厥，韩厥不忍赵氏一族灭门，便放程婴离开。而韩厥则为了"忠义"二字，拔剑自刎。

屠岸贾听说赵氏孤儿逃脱搜捕，仍不死心，下令将晋国内半岁以下的儿童全部捉拿，格杀勿论。

程婴上天无路入地无门，此时他想起在太平庄的忘年之交公孙杵臼，于是程婴抱着赵氏孤儿前去投奔对方。

公孙杵臼年过七十，他问程婴："你将如何保全赵氏孤儿？"

程婴便将心中计谋和盘托出："我儿子与赵氏孤儿年龄相仿，我准备让他冒充。公孙先生，请您去找屠岸贾告发我，届时他一定以为我儿子是赵氏孤儿，如此一来，就能保全赵氏最后的血脉。"

公孙杵臼摇摇头，他开口追问："你说七十岁的人去死比较好，还是让年轻人送死比较好呢？"

程婴闻弦歌而知雅意，当即连连摇头："不行不行，怎能让您替我送死。"

公孙杵臼回答说："我年过七十，不知道还能活几年，恐怕赵氏孤儿没有长大，我便已经去世。因此你听我的安排，由你来告发我。"

程婴含泪答应下来，当晚，他便把自己的儿子送往太平庄，随后他又去屠岸贾府上告密。

屠岸贾听说有了赵氏孤儿的下落,当即率人将太平庄层层围住,并把公孙杵臼抓了起来。他对公孙杵臼说:"只要你将赵氏孤儿交出来,我可以免你一死。"

公孙杵臼装傻充愣,拒不承认。

此时程婴出面指认说:"我看见你把赵氏孤儿藏了起来,识时务者为俊杰,我劝你将孩子交出来。"

公孙杵臼佯装大怒,他指着程婴的鼻子破口大骂。屠岸贾见状,没有半点怀疑,他确信赵氏孤儿一定被公孙杵臼藏了起来。于是他对公孙杵臼严刑拷打,刑讯之下,公孙杵臼招供说,孩子被他藏在了一个土洞之内。

屠岸贾顺着线索找到赵氏孤儿,他冷笑着将孩子剁成三段。公孙杵臼看到这残忍的一幕,一头撞死。可程婴有任务在身,他眼看亲生儿子惨死于面前,却只能强颜欢笑。

屠岸贾因为程婴告密有功,将他视为心腹,又将程婴的儿子认作义子。

至此,真正的赵氏孤儿在程婴和公孙杵臼的庇护下,捡回一条性命。二十年后,赵氏孤儿长大成人,他在程婴家中名为程勃,而在屠岸贾府上,则叫作屠成。程勃是文武全才,深受国君宠幸,程婴见时机成熟,便将赵氏一族如何被陷害,以及公主赵姬托孤之事告诉给了程勃。

最后,程婴含泪对程勃说:"孩子,你就是赵氏孤儿啊。"

程勃听完,这才恍然大悟,随后程勃将事情的真相上呈晋国国君。国君下令捉拿屠岸贾,并且将屠岸贾凌迟处死。

程勃恢复了赵姓,国君又赐其名武,从此他更名为赵武。而帮助赵武复仇的人,也得到了不同的封赏。

以上便是元曲《赵氏孤儿大报仇》的梗概。《东周列国志》中的赵氏孤儿，穿插于数个回目中，时间写得也有点长，笔者节选出相关桥段，以白话的方式转述书中内容。

周定王二十年，晋国境内的梁山无缘无故崩塌，碎石将河流堵塞，河水三日不流。

晋景公收到消息后，心中惶恐不安，他担心自己身为国君，德行不够，所以才出现异象，这是上天对他的警示。

晋景公越琢磨越害怕，便找来太史为此事进行占卜。当时屠岸贾和赵氏一族向来不和，于是他以重金贿赂太史，让对方告诉晋景公，梁山崩塌是因为晋景公刑罚不中。

晋景公很纳闷，他说："寡人从来没有动用过刑罚，哪里来的不中？"

一旁的屠岸贾顺势接过话头，他搭话说："大王，所谓的刑罚不中，指的是刑罚要得当，过宽或者过严，都是不中。赵盾当年在桃园弑杀晋灵公，这件事被记录在册。弑君之罪本是无可赦免的重罪，可是先君晋成公不仅没有将他就地正法，还将国政大权交给他，直到今日，赵盾的后人依然在朝中为官，这便是刑罚不中。而且臣听说赵朔、赵源、赵屏等赵氏族人意图谋反，赵婴齐曾想阻止他们，却被驱逐到齐国流亡去了。而栾氏和郤氏两大家族，又畏惧赵氏的势力，他们只能默默忍耐。大王，再这样下去，国将不国。"

韩厥闻言反对说："大王，屠岸贾之言不可全信。当年桃园弑君，乃是赵穿所为，与赵盾无关。赵氏一族为晋国立下汗马功劳，大王您可不能听信小人之言，疑心功臣的后代。"

屠岸贾对此早有准备，他提前买通了栾书和郤锜，所谓三人成虎，他们合伙诬陷赵氏一族。

晋景公自从邲之战败给楚国后，心中一直对赵氏家族不满，更是讨厌赵同、赵括二人在朝中专权。此时晋景公对屠岸贾等人的话深信不疑，他命人在竹简上书写赵盾的罪行，并交给屠岸贾嘱咐道："我命你全权处理，你不可打草惊蛇，一定要将赵氏家族一网打尽。"

韩厥心知大事不妙，他连夜出宫，找到赵朔，将事情的来龙去脉告知对方。韩厥本想让赵朔立刻逃命，赵朔却连连摇头说："我父亲为了自保，留下了弑君的恶名，如今朝中有小人搬弄是非，我此时逃命，会坐实了我父亲的恶名。"

韩厥见赵朔口气决绝，不由得心中大急，他追问说："赵将军，事到如今，您有何打算？"

赵朔仰天长叹说："我家夫人有孕在身，即将临产，若是生下女，那不必多说，若是有幸生下男孩，倒可以延续赵氏的血脉，希望韩将军帮我照顾他，我赵朔便虽死犹生。"

韩厥心中难受，泪水横流地对赵朔说："没有您提拔，我韩厥不可能有今日的成就。您与我情同父子，恨只恨我没有本事，不能将屠岸贾的脑袋砍下来。我担心贼人蓄谋已久，一旦发难，我们难以应对。赵将军，您不如趁现在，将公主偷偷送到宫中，日后公子生产后，再替您报仇也不迟。"

赵朔听罢连连点头，只能如此了。

二人洒泪挥别后，赵朔返回屋中，他吩咐赵姬说："夫人，如果你日后生下女婴，便取名为赵文，如果生下男婴，则取名为赵武。"

赵朔又单独向门客程婴叮嘱交代，让他护送赵姬回宫中投奔她的母亲成夫人。

第二日，屠岸贾亲自率领甲士，将下宫团团围住。他装模作样将晋景公写的罪板悬在门前，扬言要讨伐乱臣贼子。随后屠岸贾一声令下，赵朔、赵同、赵括、赵旃各家的亲族尽数被杀。

屠岸贾清点尸首时，发现赵姬不在，他担心赵姬的腹中胎儿日后会成为隐患，便下令搜捕赵姬。刚好此时，下人来报，昨日深夜，有马车自赵府入宫。

屠岸贾这才恍然大悟，知道赵姬公主已经逃入宫中避难。他毫不犹豫直奔宫中，向晋景公汇报说："逆臣一门，已经被赶尽杀绝，仅有赵姬公主一人逃入宫中，请大王定夺。"

赵姬与晋景公本是姑侄关系，晋景公不禁有些犹豫，他回复说："我姑姑深受成夫人的喜爱，寡人想饶她一命。"

屠岸贾贼心不死，怂恿道："大王，此事万万不可，公主有孕在身，即将临产，万一她生下男婴，这孽种日后必会复仇。绝不能再发生桃园弑君的惨事，大王，您不得不防。"

晋景公一番斟酌后，最终决定先静观其变，如果赵姬真的产下男婴，他们再下手也不迟。

屠岸贾领命后，派人日夜探听赵姬临产的消息。不久，公主赵姬果然生下一子，成夫人则吩咐宫中侍从对外谎称赵姬生下一个女婴。屠岸贾担心有诈，于是他派奶娘前往宫中查探。赵姬慌乱中，前去找母亲成夫人商议对策。最终二人推托说女婴已死。

屠岸贾不相信天下有这样巧的事情，今日这婴儿活要见人，死要见尸。

赵姬被逼得走投无路，她只好将婴儿藏在自己宽大的裤子中，同时赵姬在心中暗自祷告："如果上天要亡赵氏一族，那么我的儿子便啼哭。如果上天不愿灭亡赵氏一族，那么我的儿子万万不能发出声音。"

当屠岸贾率人四处搜查时，那婴儿果然一声不吭，没有发出半点声音。众人搜了半天，一无所获。屠岸贾犯疑，难道说这孩子真的死了？

正当此时，有人对屠岸贾说："大人，您说那男婴会不会已经被送出宫中？"

确实有这个可能，屠岸贾下令说："有举报孤儿准确消息者，赏金千两。知情不报者，与窝藏反贼同罪，满门抄斩。"

花开两朵，各表一枝。在赵姬走投无路时，赵朔的心腹门客公孙杵臼和程婴听说屠岸贾率兵将下宫团团围住，二人便暗中碰头，商议对策。

公孙杵臼说，士为知己者死，赵朔对你我二人有知遇之恩，不如我们追随他赴死算了。

程婴摇头回答："屠岸贾这等奸佞小人还活着，我们与主人同死，对赵氏没有半点好处，死了也是白死。"

公孙杵臼说："话这样说是没错，但是恩公有难，我不能苟且偷生。"

程婴沉思后说："夫人有孕在身，如果她生下女婴，我与您一同赴死也不晚。如果生下男婴，那我们俩要将他抚养成人，以报今日的血海深仇。"

公孙杵臼连连点头说："贤弟言之有理，我这就派人去打探消息。"

不多时，探子回报，赵姬生下一名女婴。公孙杵臼当场号啕大哭，他边哭边喊："天要亡赵氏。主公，你慢点走，我这就来。"

公孙杵臼正准备自尽，程婴将他拦下说："这消息未必准确，我再去查探一番。"

随后程婴以重金贿赂宫中之人，让他与赵姬取得联系，赵姬心知程婴是忠义之辈，便偷偷写了一个"武"字传给他。

程婴想起赵朔临死前托付之言，他看见"武"字，顿时明白赵姬产下的是男婴，不由得心中大喜。可如今风声鹤唳，小公子赵武命垂一线，程婴势必要将赵氏孤儿救出。

他再次找到公孙杵臼说："公孙先生外面散布的是假消息，公主产下一名男婴，而且屠岸贾并没有搜查出来，这说明天佑赵氏一族。但小公子留在宫中也不是长久之计，如今当务之急，是如何将小公子营救出来。"

公孙杵臼的心中再次燃起希望，他一边擦干眼泪，一边拉着程婴出门营救赵武。

程婴拦住对方说："您别着急，如今外面到处都是屠岸贾的爪牙，我们万一被人抓住，你我二人性命事小，赵氏一族的血海深仇事大。若不能报仇雪恨，我死不瞑目。如今之际，我们必须用计将小公子从宫中偷出来，藏到远方，才能逃过眼前这一劫。"

公孙杵臼回过神来，他沉吟半晌，缓缓开口问道："贤弟，你说抚养孩童和慷慨赴死，这两件事，哪个容易，哪个难？"

程婴说："当然是赴死容易。"

公孙杵臼连连点头说："好好好，有你这句话，我便放心了。既然赴死简单，便由我来做这件事，你好好活下去，负责将小公子抚养成人。"

程婴听出他的言外之意，追问道："您有什么计策吗？"

公孙杵臼说："我们找一个假孤儿，对外谎称赵氏孤儿。我将孩子抱到首阳山中躲藏，你去屠岸贾处告发我。如此一来，屠老贼得到假孤儿，真孤儿便可以逃过这一劫。"

程婴又说:"假孤儿好找,我们又怎样将真孤儿抱出宫来?"

公孙杵臼说,放眼朝中文武百官,唯有韩厥深受赵氏一族的大恩。当年赵盾将他抚养成人,他与赵盾情同父子,我们可以将偷婴儿之事委托给他。

程婴觉得可行,他补充说:"这倒也是个办法。我家夫人近来产下一子,他与小公子生日相近,可以替代。不过,公孙先生,您有藏匿孤儿之罪,必定命丧奸人之手。一想到这里,我心里就难受。"

程婴这话没说完,眼泪便流了下来。公孙杵臼早已将生死置之度外,他呵斥程婴说:"哭什么哭,我死得其所,这是好事。"

程婴叹了一口气,他收拾好心情,便去拜见韩厥。程婴将赵姬写的"武"字展示给对方,并将计划一五一十地和盘托出。

韩厥毫不迟疑地答应出手相助,他说:"赵姬得了病,命我去民间求药,如果你能让屠岸贾去首阳山,或许我可以借着看病的机会,将婴儿偷出来。"

程婴得到韩厥的承诺,心里有了底。他跑到众人面前说:"屠大人想要得到赵氏孤儿,在宫中是找不到的。"

众人互相打量,觉得眼前这人话里有话,貌似他知道赵氏孤儿的下落,因此众人纷纷开口询问程婴。

程婴看鱼已经上钩,他微微一笑说:"你们给我千金,我就告诉你们。"

众人不敢耽搁,赶紧将程婴引荐给屠岸贾。程婴见到屠岸贾后,不慌不忙地说:"我姓程名婴,原本与公孙杵臼一同伺奉赵氏。公主生下男婴的那日,她让一名宫女将婴儿抱出宫门,托我们二人藏匿起来。我担心日后有人贪图赏金,将我告发,所以我先下手为强,将这个秘密告诉您。"

屠岸贾连连点头，一切如他所料，赵姬果然产下了男婴。他询问程婴："赵氏孤儿究竟藏在哪里？"

程婴故弄玄虚说："真言不传六耳，大人，请您让左右退下，我只告诉您一人。"

屠岸贾一心想要将赵氏血脉灭口，他赶紧命左右侍卫退下。这时，程婴才继续说："屠大人，公孙杵臼抱着赵氏孤儿逃到了首阳山深处，您现在派兵去找，或许还来得及。如果再晚一步，他们便会跑到秦国去了。此外，赵氏一族对很多官员有，此事需要您亲自出马，千万不要托付给别人。"

程婴这样说，是为了让屠岸贾离开国都，以便韩厥营救赵武。

屠岸贾并没有完全信任程婴，他依然提防着对方，下令说："你跟我一起去，如果你说的是实话，那我一定会重赏你，可如果你说的是假话，别怪我心狠手辣。"

如此这般，屠岸贾亲自率领三千家丁，由程婴带路直奔首阳山。

山路幽僻，迂回数里，众人远远看见溪水旁有几间草房，此时正柴门紧闭。程婴指着草房说："这里便是公孙杵臼和赵氏孤儿的住处。"

公孙杵臼听到外面有动静，他假装要逃，刚一出门，就被外面的人马堵个正着。

程婴假模假样地说："老小子你别跑。今日你插翅难飞，不如将小公子交出来。"

公孙杵臼抵赖说："我不知道你在说什么。"

他话没说完，已经被人五花大绑捆得结结实实。

屠岸贾铁青着脸下令搜查，只见隔壁屋锁得很严实，甲士们砸开锁，迈步进入屋中，室内很暗，一张竹床上，仿佛有小孩啼哭声。众人抱出来一看,这孩子锦绷绣被,一看就是富贵人家的孩子。

公孙杵臼脸色煞白,他想上前抢夺,无奈被绑得不能动弹。他破口大骂道:"程婴,你这个小人,先前主公遇难时,我约你一同死,你却借口说,公主有孕,需要有人保护孤儿。现在公主将孤儿托付给你我二人,你却又贪图千金之赏,卖主求荣,你猪狗不如。我公孙杵臼死不足惜,只可惜无法报答赵氏一族的恩情了。"

公孙杵臼骂个不停,程婴面露羞愧神色,他对屠岸贾说:"大人,求您赶紧将他杀了吧。"

屠岸贾已经完全中计,他下令将公孙杵臼斩首,而程婴则上前抱起婴儿,用力摔在地上,众人只听一声悲鸣,那婴儿便成了肉饼。

程婴和公孙杵臼设计将屠岸贾骗离国都,韩厥派心腹门客,假装成乡间的医生,进宫为赵姬看病。门客将程婴给他的"武"字贴于药囊上。

赵姬顿时明白这是韩厥派来救小公子的人。门客假装替赵姬诊断病情。诊断完毕,韩厥的门客和赵姬寒暄几句,赵姬趁机将赵武藏到药囊之中。

药囊空间逼仄狭小,婴儿忍不住哭出声来。赵姬抚摸着药囊轻声说:"赵武啊赵武,赵氏一族的血海深仇,便指望你了。你出宫时,千万不要哭。"

赵姬这样念叨着,药囊中的赵武果然不再哭泣。韩厥的门客背起药囊走出宫中,此时屠岸贾的心腹们正在首阳山捉拿公孙杵臼,侍卫们的盘查松懈了不少,门客顺利出宫,并将赵武交给韩厥。

韩厥如获至宝,他赶紧将赵武藏在僻静的屋中,让乳娘喂养婴儿。

屠岸贾从首阳山归来,心情十分舒畅,他哼着小曲回到府中,准备赏赐程婴千金。程婴推辞不愿接受，这让屠岸贾心生疑惑，忍不住问他："你不是图钱吗，如今我兑现承诺，给你赏金，你怎么又不要了呢？"

程婴回答说："小人做赵氏的门客已有些年头，如今是为了自保，才不得不杀了小公子。这已经是不义之举了，我再贪图金钱，实在是寝食难安。如果大人真的想赏赐小人，那请您用这些赏金，厚葬赵氏一族的遗体，也算是表达我身为赵氏门客的一番心意。"

屠岸贾听完很感动，他答应说："我很欣赏你这样的仪式，既然如此，赵氏的遗体，便任由你收敛，赏金可以当作丧葬费。"

程婴安排好葬礼后，又去找屠岸贾道谢，顺便辞行。屠岸贾被程婴的义举感动，再次出言挽留。程婴泪流满面地说："小人一时贪生怕死，做了这种不义之事，已经无言面对晋国的父老乡亲，我打算远走他乡，到其他地方谋生。"

屠岸贾听了更感动，又掏出好些金子送给他做盘缠。

程婴告别屠岸贾，扭头便去找韩厥，随后他带着赵氏孤儿暗中逃到盂山躲藏，后人将这座山叫作藏山，正是因为藏赵氏小公子而得名。

《东周列国志》写到这里，便没有继续赵武的故事，直到十五年后，晋悼公即位，韩厥时来运转官运亨通，坐上了中军将之位。在韩厥的帮助下，赵武诛杀了屠岸贾，得以报仇雪恨。

无论是元曲《赵氏孤儿大报仇》，还是《东周列国志》，都与真实的"赵氏孤儿"大有区别。因为《史记·赵世家》以赵国的史书为依据编写，赵氏家族有美化历史的嫌疑。此外，《左传》和《史记·晋世家》的记载相似，书中从未出现屠"岸贾"之名。笔者认为，《左传》的记载更真实。

尽管"赵氏孤儿"的文学作品与史料有出入，但其中表现的古人重义轻生死的美德，值得后人学习。

附录6
《绝秦文》

绝秦文记录于《左传·成公十三年》，原文如下：

"昔逮我献公，及穆公相好，戮力同心，申之以盟誓，重之以昏姻。天祸晋国，文公如狄，惠公如秦。无禄，献公即世，穆公不忘旧德，俾我惠公用能奉祀于晋。又不能成大勋，而为韩之师。亦悔于厥心，用集我文公，是穆之成也。文公躬擐甲胄，跋履山川，逾越险阻，征东之诸侯，虞、夏、商、周之胤，见而朝诸秦，则亦既报旧德矣。郑人怒君之疆埸，我文公帅诸侯及秦围郑。秦大夫不询于我寡君，擅及郑盟。诸侯疾之，将致命于秦。文公恐惧，绥静诸侯，秦师克还无害，则是我有大造于西也。

"无禄，文公即世，穆为不吊，蔑死我君，寡我襄公，迭我殽地，奸绝我好，伐我保城，殄灭我费滑，散离我兄弟，挠乱我同盟，倾覆我国家。我襄公未忘君之旧勋，而惧社稷之陨，是以有殽之师。犹愿赦罪于穆公，穆公弗听，而即楚谋我。天诱其衷，成王陨命，穆公是以不克逞志于我。

"穆、襄即世，康、灵即位。康公，我之自出，又欲阙翦我公室，倾覆我社稷，帅我蟊贼，以来荡摇我边疆。我是以有令狐之役。康犹不悛，入我河曲，伐我涑川，俘我王官，翦我羁马。我是以有河曲之战。东道之不通，则是康公绝我好也。及君之嗣也，我君景公引颈西望曰：'庶抚我乎！'君亦不惠称盟，利吾有狄难，入我河县，焚我箕、郜，芟夷我农功，虔刘我边垂。我是以有辅氏之聚。君亦悔祸之延，而欲徼福于先君献、穆，使伯车来，命我景公曰：'吾与女同好弃恶，复修旧德，以追念前勋。'言誓未就，景公即世。我寡君是以有令狐之会。君又不祥，背弃盟誓。白狄及君同州，君之仇雠，而我之昏姻也。君来赐命曰：'吾与女伐狄。'寡君不敢顾昏姻，畏君之威，而受命于吏。君有二心于狄，曰：'晋将伐女。'狄应且憎，是用告我。楚人恶君之二三其德也，亦来告我曰：'秦背令狐之盟，而来求盟于我，昭告昊天上帝、秦三公、楚三王曰，余虽与晋出入，余唯利是视。不榖恶其无成德，是用宣之，以惩不壹。'诸侯备闻此言，斯是用痛心疾首，暱就寡人。寡人帅以听命，唯好是求。君若惠顾诸侯，矜哀寡人，而赐之盟，则寡人之愿也。其承宁诸侯以退，岂敢徼乱。君若不施大惠，寡人不佞，其不能以诸侯退矣。敢尽布之执事，俾执事实图利之！"

《绝秦文》译文大意如下：

"从前我们先君晋献公与秦穆公相交好，同心合力，以盟誓明确两国关系，以婚姻加深两国关系。后来上天降祸给晋国，晋文公逃亡到狄国，晋惠公逃亡到秦国。不幸晋献公去逝，秦穆公不忘从前的交情，让晋惠公回国即位。但是秦国并没有进一步加强秦晋之好，却与晋国发生了韩原之战。事后秦穆公心生悔意，于是成全了晋文公回国为君。这都是穆公的功劳。晋文公亲自戴盔披甲，跋山涉水，经历艰难险阻，征讨东方诸侯国，虞、夏、商、周的后代都来朝见秦国君王，这就已经报答了秦国过去的恩德了。郑国人侵扰秦国的边疆，晋文公率领诸侯和秦国一起去包围郑国。秦国大夫却不和我们的国君商量，擅自同郑国订立盟约。诸侯都痛恨这种背信弃义的做法，想要征讨秦国。晋文公担心秦国受损，说服诸侯，秦国军队才得以安全回国，这就是我们对秦国有大恩大德之处。

"晋文公不幸去逝后，秦穆公不怀好意地蔑视我们故去的国君，轻视新任国君晋襄公，他派兵侵扰晋国的淆地，断绝同晋国的友好关系。秦军攻打晋国的城池，灭绝晋国的盟友滑国，离间晋国与兄弟国家的关系，扰乱晋国的盟邦，以求颠覆晋国。晋襄公没有忘记秦君以往的功劳，他又害怕国家灭亡，所以才有了崤之战。战后，晋国还是希望秦穆公能够宽免我们的罪过，但秦穆公不同意，他反而亲近楚国来算计晋国。老天有眼，后来楚成王丧了命，令秦穆公侵犯晋国的图谋不能得逞。

"秦穆公和晋襄公去逝，秦康公和晋灵公即位。秦康公是我们先君晋献公的外甥，他却想损害晋国的公室，颠覆晋国，秦康公派人护送晋国公子雍回国争位，他利用公子雍扰乱晋国的边疆，于是有了令狐之战。秦康公还不肯悔改，又入侵晋国的河曲，攻打晋国的涑川，劫掠晋国的王宫，夺走晋国的羁马，因此又有了河曲之战。秦国之所以前往东方的道路不通，正是因为康公断绝了与晋国的友好关系。

"等到君王您（秦康公）即位之后，我们晋景公伸长脖子望着西边说：'请秦国关照晋国吧！'但君王您还是不肯开恩，同晋国结为盟友，您却趁我们遇上狄人祸乱之机，入侵晋国临河的县邑，焚烧晋国的箕、郜两地，抢割毁坏晋国的庄稼，屠杀晋国的边民，因此才有了辅氏之战。君王您也后悔两国战争蔓延，所以想向先君晋献公和秦穆公求福，您派遣伯车前来命令晋景公说：'请让秦国和晋国相互友好，我们抛弃怨恨，恢复过去的友谊，以追悼从前先君的功绩。'盟誓还没有完成，晋景公就去逝了，因此我们国君（晋厉公）才有了令狐的盟会。可是秦国君王又产生了不善之心，您背弃了盟誓。白狄和秦国同处雍州，他们是君王您的仇敌，却是我们靠近过的姻亲。君王您曾命令晋国说：'秦国和晋国一起攻打狄人。'我们国君畏惧君王您的威严，不顾晋国与白狄的姻亲之好，接受了您攻打狄人的命令。但君王您却又对狄人表示友好，您对狄人说：'晋国将要攻打你们。'狄人表面上答应了你们，心里却憎恨你们口是心非的做法，因此白狄将此事告诉我们晋国。楚国人同样憎恨君王反复无常，也来告诉我们说：'秦国背叛了令狐的盟约，而向楚国寻求结盟。他们向着皇天上帝、秦国的三位先公和楚国的三位先王宣誓说：'我们虽然和晋国有来往，但我们只关注利益。'我讨厌他们反复无常，把这些事公开，以便惩戒那些用心不专一的人。'诸侯们全都听到了这些话，因此对秦国感到痛心疾首，他们都来和晋国亲近。现在我率诸侯前来听命，完全是为了请求盟好。如果君王您肯开恩，顾念诸侯，哀怜寡人，赐我们缔结盟誓，这就是寡人的心愿，寡人将安抚诸侯而退走，不敢在秦国造次。如果君王不施行大恩大德，寡人不才，恐怕就不能率诸侯退走了，我谨以此文，告知君王您的左右随从，望他们权衡怎样做才对秦国有利。"

《绝秦文》具有极高的史学价值，文中将晋献公数十年的秦晋关系梳理得十分清晰。尽管《绝秦书》是晋国的片面之词，然而文中所提到的具体事件，却与史料中的记载严丝合缝地契合。

这封《绝秦文》，用短短数百字，道尽了秦、晋两国数十年的恩怨情仇。

附录7
司马子反之死的另一种说辞

在《史记·晋世家》和《史记·楚世家》的记载中，关于司马子反之死，有着与《左传》完全不同的说法。

《史记·楚世家》记载："共王召将军子反。子反嗜酒，从者竖阳谷进酒醉。王怒，射杀子反，遂罢兵归。"

大意是楚共王召唤司马子反，但司马子反生性嗜酒，他的仆从竖阳谷进奉好酒，司马子反贪杯醉酒，楚共王大怒，将他射杀，而后罢兵回国。

《左传》是最著名的先秦史料之一，司马迁所著的《史记》中，也有大量参考《左传》的痕迹。在这种情况下，《史记》中关于司马子反的记载，却与《左传》不同，这是一个值得研究的细节。

笔者查阅众多史料后，大胆地提出了一个假设。在此之前，还需要引入一本西汉著作，名为《淮南子》。

《淮南子》中的《人间训》一文中讲述了这样一个故事，楚共王在鄢陵与晋军大战，阵中他因为眼睛受伤而暂时休战。司马子反冲下战场后，感觉口渴难耐，刚好此时，竖阳谷为他奉上烈酒。司马子反嗜酒如命，他品尝美酒后感觉十分甘甜，这让他欲罢不能，很快醉意上涌。楚共王包扎好伤口后，准备再次出战，他派人召唤司马子反，司马子反却推辞说自己心口痛，不能上阵。楚共王亲自前去找他。一入军帐，发现酒臭扑鼻，楚共王勃然大怒说："今日之战，寡人不幸受伤，所能依靠之人，唯有你。可是你却在军帐中饮酒，这是亡国的征兆。"说完，楚共王斩杀司马子反,并率楚军退兵回国。

相比之下,《史记》与《淮南子》在司马子反之死上的记载极为相似,这一细节,可以向后人展现出《史记》的时代局限性。

事情依然要从《淮南子》说起,这本书由西汉淮南王刘安主持编纂,因此名为《淮南子》。"淮南王"这个称呼,经常出现于仙侠志怪小说中,这是因为淮南王深受道家影响,民间流传着无数关于淮南王修仙抑或炼丹的野史传说。

可是淮南王生活于汉武帝时期,汉武帝采用董仲舒"推明孔氏,抑黜百家"❶的治国思想,道家等诸子百家自然被汉武帝罢黜,逐渐退出治国的舞台。

淮南王并不甘心,他在继承道家的思想基础上,综合了诸子百家中的精华,召集门客方士数千人,编纂道家典籍。

《汉书》本传记载,淮南王刘安曾"招致宾客方术之士数千人,作为《内书》二十一篇,《外书》甚众,又有《中篇》八卷,言神仙、黄白之术,亦二十余万言"。

古人口中的神仙之术,指代修仙。黄白之术原本指炼金术,后来也被归为炼丹术之一。

这里所谓的《内书》,便是现今传世的《淮南子》。所谓的《中篇》,则名为《淮南鸿宝》,里面记载的都是修仙炼丹的事情。至于《外书》,又名《淮南万毕术》,这本书中很少涉及修仙炼丹,主要是记录古

---

❶ 清末民初思想家易白沙在《新青年》上发表的《孔子平议》一文,将这一理念归纳为"罢黜百家,独尊儒术"。

人对自然变化的事情,比如书中便记载了"热胀冷缩"现象。

《淮南子》在当时属于重大文化工程,影响不仅广泛,而且深远,后人曾以"道家思想之大成"七个字评价《淮南子》一书。

至今妇孺皆知的神话典故,诸如"女娲补天""后羿射日""共工怒触不周山""嫦娥奔月"之类,都出自《淮南子》。

淮南王刘安生于公元前179年,后因谋逆失败,死于公元前122年。因此《淮南子》的成书年代,介于两者之间。而《史记》成书于太初元年,即公元前104年。

显而易见,《淮南子》在前,《史记》在后。同时,《淮南子》在西汉文化界有着举足轻重的影响力,在当时的读书人眼中,这本书是非常权威的学术著作。司马迁生活的那个时代,或多或少会受到主流学术观点的影响。

每个人身上都有时代的局限性,即使是先贤往圣,也不例外,他们的思想不能完全超脱于时代。

基于以上分析,《淮南子》是道家著作,《史记》应该是受其影响,引用了《淮南子》的记载,可信度不高。

笔者倾向于《左传》中关于司马子反之死的记载。

附录 8
郤氏家族兴衰史

《史记·晋世家》中记载,郤氏家族的先祖名为郤豹。他的嫡长子郤芮与吕甥拥立晋惠公为国君，郤氏家族曾经风光过一段时间。

后来晋文公回国即位，郤芮又与吕甥密谋弑君，事情败露后，二人被秦穆公诱杀。

郤氏家族原本就此凋零，可是重耳流亡团中的重臣胥臣发现郤芮之子郤缺是一位君子，便极力向晋文公推荐郤缺。晋文公不计前嫌，重新起用郤缺。

公元前601年，赵盾去世后，郤缺成为六卿之首，担任中军将一职。这是郤氏家族的第一位中军将。

郤缺去世十余年，他的儿子郤克也成为晋国中军将。中军将相当于正卿之位，如此一来，郤氏家族一门两正卿，他们在晋国的权势迅速膨胀起来。

郤克执政后，郤氏家族与栾书家族关系密切。后来郤克在鞌之战中身受重伤，两年后去世。郤克之子郤锜便成为郤氏家族第五代族长。

晋景公清洗赵氏家族时，栾书与郤氏家族从中推波助澜，赵氏被灭后，栾书安排郤锜担任下军将。从此，郤锜跻身晋国卿士之列，郤氏家族也逐步占据赵氏留下的权力真空。

从公元前583年到公元前577年，在这短短数年里，郤锜的族弟郤至以及郤犨相继进入晋国卿士行列。著名的三郤权力集团正式登上历史舞台，至此，郤氏家族前后有八人位列卿士，史称八郤。

当时郤氏家族的权力和财富达到巅峰，号称"其富半公室，其家半三军"。他们成为赵氏之后，晋国最大的军政集团。

身居高位之人，理应具有忧患意识，况且赵氏一族的前车之鉴近在眼前。可郤氏家族的卿士们在尝到权力的滋味后，食髓知味，他们渴望攫取更大的权力。

例如，公元前576年，三郤曾陷害晋国大夫伯宗，并将其杀害。伯宗之子伯州犁叛逃到楚国。

中军佐士燮去世后，三郤在晋国八卿中的排名进一步上升，郤锜担任中军佐，位列第二；郤犨担任下军佐，位列第六；郤至担任新军将，位列第七。

除了三郤外，郤氏家族还有五位大夫在朝中任职，这三卿五大夫，足以让郤氏家族权势滔天。

祸兮福所倚，福兮祸所伏。晋厉公最终对三郤下手，郤氏家族传承不足百年，就此轰然倒塌。

附录9
鸡泽会盟中的一件小事——举贤不避亲仇

晋悼公即位后，为了振兴晋国宗室的力量，重用了一些公族大夫。此前不被重用的祁奚，借机成为中军尉。中军尉一职属于中层将领，负责统率中军旗下的兵车。

鸡泽会盟前后，祁奚向晋悼公告老还乡，晋悼公询问他，谁能接替中军尉的职务，祁奚便推荐了解狐。

晋悼公觉得很奇怪，追问说："解狐不是你的仇人吗？你为什么还推荐他？"

正史中没有记载两人的仇怨，野史杂谈中说这两人是杀父之仇，如果这是真的,晋悼公好奇也情有可原。

祁奚则是这样回答的:"您问我谁能胜任中军尉,没问谁是我的死仇。"

晋悼公很佩服祁奚的心胸,他便派人前去寻找解狐。万万没想到,解狐刚好不幸去世,于是晋悼公又请来祁奚,希望他另荐贤臣。

祁奚说,既然这样,祁午可以胜任中军尉。

晋悼公皱着眉头问:"他不是你的儿子吗?"

祁奚依然回答说,大王,您问的是谁可以胜任中军尉,没问我谁是我儿子。

这个典故出自《左传》,后来《吕氏春秋·去私》中提到孔子听说这件事后,评价祁奚"外举不避仇,内举不避子",由此引出了举贤不避亲仇的典故。

有趣的是,关于祁奚的仇人解狐,也有一个著名典故,叫作解狐荐仇。这个典故出自先秦著作《韩非子》。

解狐同样为人耿直倔强,公私分明。他有个爱妾名为芝英,这位姑娘貌美如花,深得解狐的喜爱。可是别人告诉解狐,芝英一直与他的家臣刑伯柳私通。

解狐不信,他认为刑伯柳很忠诚,不会做出这种龌龊之事。

那人见解狐不信,决定施展计谋,让芝英和刑伯柳的奸情暴露。

解狐半信半疑,便答应了对方。

第二天,解狐忽然接到晋国国君的命令,让他去晋国边境巡视数月,必须立即动身,不能拖延。

解狐匆忙之间,没有带亲信刑伯柳一同前去。

芝英得到这天赐良机，于是偷偷溜到刑伯柳的房间，准备享受鱼水之欢。正在此时，房门突然被打开，解狐满脸怒气站在门外，将两人捉奸在床。女人出轨，是男人不可容忍的耻辱之一，因此，解狐将二人吊起来毒打，而后将他们双双赶出解府。

晋国的大贵族赵简子是解狐的至交好友。不久后，赵简子封地上的相国之位出现空缺，需要人手。赵简子找到解狐，请他推荐一位精明能干并且忠诚可靠的人选。

解狐思量半天，将刑伯柳推荐给对方。

赵简子对解狐信任有加，他当即派人请刑伯柳回府。刑伯柳的确非常能干，他将赵简子的封地打理得井井有条。赵简子很满意，忍不住夸奖他说："你真是个好相国，解将军果然慧眼识英才，没看错人。"

刑伯柳愣住了，反问道："您提到的是哪位解将军？"

赵简子说："自然是解狐解将军。"

直到此时，刑伯柳才得知是解狐推荐了自己。他左思右想，也没想明白，自己与解狐有夺妻之仇，对方为什么还会推荐他。

后来刑伯柳回到晋国国都，他决定上门拜访，感谢对方不计前嫌，推荐自己。他来到解府门前，将名字报给门卫，求见解狐。不多时，门卫从府中出来问他："你此行前来，是为公事，还是为私事？"

刑伯柳听出言外之意，他当即恭恭敬敬行礼回答："我今日登门拜访，只为向解将军请罪。我早年投靠解将军，承蒙将军厚爱，对我提携教诲，这份恩情如同再生父母，可我却做了对不起将军的事情。我心中万分惭愧，如今解将军不计前嫌，将我举荐给赵氏，更让我感激不尽。"

门卫听完，转身又一次入府向解狐禀报。

不久后，解狐手持弓箭出来，他将弓弦拉满，狠狠射了刑伯柳一箭。箭矢擦着刑伯柳的耳根飞过，吓得他冷汗直流。

解狐再一次张弓搭箭，对准刑伯柳说："我举荐你，是因为你能胜任，所以公事公办。但你与我之间有夺妻之恨，你再不滚，我这一箭便会射死你。"

刑伯柳见对方恨自己入骨，慌忙躬身施礼，以示歉意，随后便转身逃走。

《韩非子》书中记载的这个典故，明显不符合事实。赵简子又名赵鞅，史书没有记载赵简子的生辰，但他是赵武的孙子，我们借助赵武的身世，对《韩非子》的这段记载进行考证。

赵武在下宫之难时，只是个十多岁的孩子，当时他正跟随赵庄姬在宫中避难。《左传》记载，解狐死于公元前570年，此时距离下宫之难仅有二十四年。由此推断，解狐去世时，赵武年纪不过四十，解狐不可能与赵武的孙子是至交好友。

如果换一个角度分析，赵简子死于公元前476年，他与解狐去世时间相差近百年，两人也不可能有交集。

归根结底，《韩非子》是一部法家著作，而不是史学著作。举贤不避亲仇的典故，我们应当以《左传》的记载为准。

附录10
孔子身世考证

孔子之父叔梁纥生于公元前622年左右（待考证），姓，孔氏，名为纥，字叔梁，他是宋国大贵族孔父嘉的后代。

华父督杀死孔父嘉后，孔父嘉的后人几经辗转，最终在鲁国繁衍生息。叔梁纥官拜陬县大夫，大致相当于县长之职，他的夫人一共为他生下九个孩子，全部都是女孩。

古人重男轻女的思想远非后人可以想象。叔梁纥也不例外，长久以来，他一直有个心病，便是想生一个儿子，来继承家业。

此外，叔梁纥的小妾倒是为他生了儿子，名为孟皮。可惜，孟皮身有残疾，他天生跛脚。春秋时代，非常歧视女人和残疾人，按照礼法，叔梁纥的子嗣，都不能够继承家业。

叔梁纥想要儿子想得魔怔了，他六十多岁时，还向鲁国的颜氏求婚。

颜氏召集三个女儿商量这个婚事。他说："陬县大夫叔梁纥祖辈六代积德，他们府上日后必出圣人。虽然他年纪大，而且脾气急躁，但品行端正，行事有君子之风，你们三人谁想嫁给他？"

颜氏的长女和次女不愿意，支支吾吾搪塞父亲，小女儿颜徵在替他解围说，婚事全凭父亲定夺，女儿没有意见。❶

颜氏连连点头，于是颜徵在便嫁入叔梁纥府上。不久后，颜徵在果真生下一子，他便是"大成至圣先师"孔子。

在野史和民间传说中，一直有孔子是私生子的说法。这个说法或许脱胎于《史记》。

《史记·孔子世家》记载："纥与颜氏女野合和而生孔子。"

问题的关键，便出在"野合"二字上。其实文字的含义以及词性，会

---

❶ 叔梁纥提亲之事，出自《孔子家语》中。

随着时间的变化而变化。两千多年前的"野合"二字,与今天截然不同。

有人曾经结合孔子的经历,牵强附会解释"野合"二字。孔子三岁时,父亲叔梁纥去世。颜徵在一直没有将叔梁纥的下葬位置告诉孔子。直到孔子成人,颜徵在去世时,孔子先将母亲尸首安顿好,而后又四处询问父亲的墓地,打听到以后,才将父母二人合葬。

有人认为,颜徵在的反常举动,坐实了"野合"之事。正是因为颜徵在认为她与叔梁纥的关系是一种耻辱,才没有把叔梁纥的下葬位置告诉孔子。

这种解释只是一种逻辑上的假设,既没有史料支撑,也没有考古发现论证,不足为信。

除此之外,还有几种对"野合"二字的解释,先说最不可信的一种。齐鲁大地上有一座名为尼山的山。古时候这座山名为尼丘山。颜徵在曾向尼丘山祷告,祈求神灵赐给她一个儿子。她的这种行为,在当时被称作"野合"。孔子出生后,因为脑袋像尼丘山的外形,颜徵在为他取名为丘,字仲尼。后世儒生为了避开圣人名讳,将尼丘山改名为尼山。

除此之外,有两种解释相对合理。最初"野"字是相对于"礼"字而存在的。"野合"的本意,应该是不符合当时的礼法的婚配。这两种解释都立足于这一点,来阐述叔梁纥与颜徵在的婚姻为什么不符合礼法。

唐代学者司马贞从叔梁纥与颜徵在的年龄出发进行阐述。按照《周礼》的说法,"男子八月生齿,八岁换齿,二八一十六而开阳,八八六十四而阳绝。女子七月生齿,七岁换齿,二七一十四而阴开,七七四十九而阴闭。"所以,男子超过六十四岁以后婚配,或者女子在十四岁以前婚配,都不符合周礼。

宋代学者胡五峰则是从二人结婚流程的角度进行阐述。春秋时代对婚嫁的礼仪很重视，但凡缺少一样，都会被人说成"私奔"或者"野合"。

《礼记》对此解释，书中提到，"六礼备，谓之聘，六礼不备，谓之奔"。所谓六礼，指纳采、问名、纳吉、纳征、请期、迎亲。

男方家请媒人到女方家提亲，即为纳采；对方答应后，媒人问清楚女方姓名和八字，便是问名；男方家拿着二位新人的八字去祖庙占卜吉凶，这叫纳吉；如果占卜结果为吉兆，男方家送聘礼到女方家，便是纳征；随后男方家挑选黄道吉日并通知女方家，这叫请期；一切安排妥当，结婚前一天，女方家备好嫁妆，等第二天新郎亲至迎接，这时才是迎亲。

胡五峰在《皇王大纪》中解释："叔梁纥老矣，颜氏贫，不能备礼，遂野合焉。"

笔者倾向于最后一种解释。因为在古代，女子一生最大的事情，便是出嫁。叔梁纥六礼不备，匆匆将她迎娶过门，这或许是颜徵在一生的遗憾。正因为颜徵在有心结在，她才会一直隐瞒叔梁纥的下葬位置。

孔子对中国和世界都有深远的影响，在两千多年的风雨洗礼后，他的思想已经写进了中华文明的基因中。无论孔子出身如何，都不影响后人对他的尊重和敬仰。

在没有新的考古发现前，断章取义，或者哗众取宠，都不可取。

附录 11
《左传》中吴楚战争摘要

公元前584年，吴始伐楚、伐巢、伐徐。子重奔命。马陵之会，吴入州来。子重自郑奔命。子重、子反于是乎一岁七奔命。蛮夷属于楚者，吴尽取之。

公元前574年，舒庸以楚师之败而道吴人围巢，伐驾，围厘、虺，遂恃吴而不设备。楚公子橐师袭舒庸，灭之。

公元前570年，楚子重伐吴，为简之师，克鸠兹，至于衡山。使邓廖帅组甲三百、被练三千以侵吴。吴人要而击之，获邓廖。其能免者，组甲八十、被练三百而已。吴伐楚，取驾。

公元前560年，吴侵楚，养由基奔命，子庚以师继之。战于庸浦，大败吴师，获公子党。

公元前559年，楚子囊师于棠以伐吴，吴师不出而还。子囊殿，以吴为不能而弗儆。吴人自皋舟之隘要而击之，楚人不能相救。吴人败之，获楚公子宜谷。

公元前549年，楚康王为舟师以伐吴，不为军政，无功而还。吴人为楚舟师之役故，召舒鸠人，舒鸠人叛楚。楚子师于荒浦，使沈尹寿与师祁犁让之。舒鸠子敬逆二子，而告无之，且请受盟。二子覆命，王欲伐之。蒍子谏止。

公元前548年，舒鸠人卒叛楚。令尹子木伐之，及离城。吴人救之，子木遽以右师先，子强、息桓、子捷、子骈、子盂帅左师以退。吴人居其间七日。子强请以其私卒诱之，简师陈以待，子木从之。五人遂以其私卒先击吴师。吴师奔，登山以望，见楚师不继，复逐之，傅诸其军。简师会之，吴师大败。遂围舒鸠，舒鸠溃。八月，楚灭舒鸠。十二月，吴子诸樊伐楚，以报舟师之役。门于巢。巢牛臣隐于短墙射杀诸樊。

公元前547年，楚子、秦人侵吴，及雩娄，闻吴有备而还。

公元前538年，秋七月，楚子、蔡侯、陈侯、许男、顿子、胡子、沈子、淮夷伐吴，执齐庆封，杀之。冬，吴伐楚，入棘、栎、麻，以报朱方之役。楚沈尹射奔命于夏汭，咸尹宜咎城钟离，薳启强城巢，然丹城州来。

公元前537年，楚灵王以诸侯及东夷伐吴，楚将薳启强遽不设备，吴人败诸鹊岸。楚师济于罗汭，沈尹赤会楚子，次于莱山。薳射帅繁扬之师，先入南怀，楚师从之。及汝清，吴不可入。楚灵王遂观兵于坻箕之山。吴早设备，楚无功而还。楚灵王惧吴，使沈尹射待命于巢，薳启强待命于雩娄。

公元前536年，楚灵王使薳泄伐徐。吴人救之。令尹子荡帅师伐吴，师于豫章，而次于乾溪。吴人败其师于房钟，获宫厩尹弃疾。子荡归罪于薳泄而杀之。

公元前529年，楚师还自徐，吴人败诸豫章，获其五帅。吴灭州来。

公元前525年，吴伐楚。战于长岸，楚司马子鱼先死，楚师继之，大败吴师，获其乘舟余皇。使随人与后至者守之，环而堑之，及泉，盈其隧炭，陈以待命。吴公子光扰乱楚师，大败之，取余皇以归。

公元前519年，吴人伐州来，楚薳越帅师及诸侯之师奔命救州来。吴人御诸钟离。战于鸡父。吴以罪人三千，先犯胡、沈与陈，三国争之。吴为三军以击于后，中军从王，公子光帅右，掩余帅左。吴之罪人或奔或止，三国乱。吴师击之，三国败，获胡、沈之君及陈大夫。舍胡、沈之囚，使奔许与蔡、顿，师噪而从之，三国奔，楚师大奔。

公元前519年，吴人取楚夫人与其宝器以归。楚司马薳越追之，不及。

公元前518年，楚平王为舟师以略吴疆。吴人踵楚，而边人不备，遂灭巢及钟离而还。

公元前515年，吴王僚欲因楚丧而伐之，使公子掩余、公子烛庸帅师围潜。楚莠尹然，工尹麋帅师救潜。左司马沈尹戌帅都君子与王马之属以济师，与吴师遇于穷。令尹子常以舟师及沙汭而还。左尹郤宛、工尹寿帅师至于潜，吴师不能退。

公元前511年，秋，吴人侵楚，伐夷，侵潜、六。楚沈尹戌帅师救潜，吴师还。楚师迁潜于南冈而还。吴师围弦。左司马戌、右司马稽帅师救弦，及豫章，吴师还。

公元前508年，桐叛楚。吴子使舒鸠氏诱楚人。楚囊瓦伐吴，师于豫章。吴人见舟于豫章，而潜师于巢。冬十月，吴军楚师于豫章，败之。遂围巢，克之，获楚公子繁。

公元前506年，吴王阖闾、蔡侯、唐侯伐楚。楚囊瓦三战皆败。吴、楚军战于柏举，夫概以五千军先击囊瓦，楚师大败。吴军遂五战五胜直入郢都。左司马沈尹戌败吴于雍澨，随后也自杀而亡。

公元前505年，申包胥泣秦庭乞师，秦援楚。秦楚联军败夫概于沂，楚军败吴军于军祥。吴整军后在雍澨败楚军，秦军又败吴师。楚子期败吴于麇和公婿之溪，吴王阖闾遂撤兵回国。

公元前504年，吴公子终累败楚舟师，获潘子臣、小惟子及大夫七人。楚国大惕，惧亡。子期又以陵师败于繁扬。

公元前485年，楚司马子期伐陈，吴延州来季子救陈。季子劝子期退兵，子期还。

公元前480年，楚令尹子西、司马子期伐吴，至桐汭而还。

公元前479年，吴伐楚慎邑，白公胜败之。

附录12
栾盈之乱

栾黡迎娶士匄之女为妻，妻随夫姓，史书上将士匄之女称作栾祁。栾祁为夫家生下一子，这孩子便是栾盈。

栾黡去世后，栾祁与栾氏家族的管家州宾私通，州宾几乎将栾氏的家产侵吞一空。

栾盈对此十分愤怒，可是栾祁是他的母亲，所以他不知道如何处理。栾盈为人乐善好施，很多有识之士都归附于他。

栾盈手下的人越来越多，栾祁担心儿子向她发难，公元前552年，栾祁回娘家找父亲士匄说："栾盈认为我们家族将栾黡害死，以便把持朝政。我担心他加害您，特地和您说一声。"

此时荀偃已死，士匄成为晋国中军将，他熟知外孙的性格，而且士匄也听说栾盈手下能人辈出，便对女儿的话深信不疑。栾盈担任下军佐一职，士匄派他外出修筑城池，借机将他赶走。

栾盈对士匄的心思有所察觉，同年秋天，他逃到楚国。栾盈手下的大夫为此作乱，被士匄一连杀了十一人，囚禁三人。

《国语》记载，晋平公得知后，驱逐栾盈及其党羽。

实际上，晋平公只是一个幌子，这件事背后，还是由士匄主导的。晋平公的父亲十四岁即位，去世时年仅二十八岁。因此晋平公即位时，年纪很小，朝政大权集中于六卿之手。此外，晋平公的才华远不及其父亲，他即位后，逐步被晋国的几大氏族架空，没有能力执掌朝政。

晋平公最开始不愿意对栾盈动手，他曾经说："栾书拥立我的父亲先君悼公，栾盈也无罪于国家，我怎么能诛灭乱世一族呢？"

可是他的态度，无足轻重，当时朝中舆论是要诛灭栾氏的宗族。在多方博弈下，最终晋平公只能驱逐栾盈及其党羽。

栾盈流亡到楚国时，士匄下令栾氏家臣不可追随栾盈流亡，否则格杀勿论，并陈尸示众。甚至，晋国还召集诸侯会盟，通知各路诸侯要一同封杀栾盈，不得收留他。

后来，栾盈的家臣辛俞试图逃到楚国追随主公，却被人抓住送到晋平公面前。

晋平公问他："禁令当头，你怎么敢以身犯法呢？"

辛俞回答说："我家三代都是栾氏家臣，我不愿贪生怕死而背叛栾盈。"

晋平公很欣赏辛俞的仗义，想要挽留对方。辛俞坚决不肯，晋平公又送他许多财物，辛俞依然不肯收下。晋平公终于明白他不会留下，于是放他离开。

栾盈在楚国流亡一年后，又逃到了齐国。时任齐国国君齐庄公曾经以太子的身份参与了平阴之战，战败后，齐庄公一直想要复仇，因此他以贵客之礼接待栾盈。

晏婴觉得不妥，他上谏国君说："晋国会盟命诸侯们不得收留栾盈，您这样做，恐怕不妥。"

齐庄公不听劝谏，依然与栾盈密切往来。

晋国知道栾盈逃到齐国后，又号召诸侯会盟，重新强调封杀栾盈的命令。可是齐庄公依然没有听。

这时候，晏婴明白了，齐庄公想要伐晋复仇，栾盈是他手中的棋子。

果然，公元前550年，晋国计划与吴国联姻，齐庄公派人送礼，他趁机将栾盈以及他的亲信藏在出使队伍中，偷偷送进了曲沃城。

栾盈半夜去见好友胥午，希望对方能帮助他重振栾氏家族。

胥午摇头说："上天要栾氏灭亡，栾氏绝不可能复兴。我并不怕死，但我知道此事不可行。"

栾盈恳求说："尽管如此，我还是希望你能帮我。如果我因此而死，说明你是对的，上天确实不保佑我。"

因为栾盈为人乐善好施，曾经结下很多善缘，胥午便答应了。然后胥午安排宴席，将栾盈曾经的部下和家臣聚在一起，并将栾盈藏在暗处。

席间，胥午借故问道："如果栾盈在，你们会怎样？"

栾盈部下群情激昂，有人说："如果能找到主人，愿意为他而死，虽死犹生。"

席间众人一片叹息，甚至有人忍不住哭出声来。

众人又喝了一会儿，胥午旧事重提，又问众人，如果栾盈在会怎样？

酒后吐真言，众人异口同声说："如果能找到主人，我们绝不会有二心。"

这时候，栾盈从暗处走出来，他对众人一一拜谢。随后众人便暗中组织兵力，准备叛乱。

可是栾盈终究势单力薄，当年栾书因为下宫之难，与赵氏结仇，韩氏与赵氏关系密切，士匄又与荀氏的两个分支，中行氏和智氏关系密切。栾盈的对手，几乎是整个晋国权贵。不过栾盈当年辅佐过魏绛，他与魏绛之子魏舒关系密切，除此之外，他只有下军的将士们可以依靠。

公元前550年四月，栾盈在魏舒的帮助下，率兵冲入绛城。士匄措手不及,他当时正和晋平公的宠臣乐王鲋在一起。士匄神情慌乱,不知所措。乐王鲋反倒很冷静,他建议士匄说:"你带着国君进入固宫❶,您是晋国的正卿,栾盈是乱臣贼子。局势对您有利,栾盈最多只能得到魏氏的支持。您大权在握,千万不要慌乱。"

乐王鲋的提议很值得人深思,他没有让士匄先平乱,而是提议对方先找到晋平公。这说明乐王鲋是一个逻辑非常清晰的人,他是晋平公的宠臣,所以保证晋平公的安全,就是保证他的荣华富贵。

此外,士匄找到晋平公,便可以站住挟国君以平叛的大义,晋国其他权贵,必然会听从士匄的命令,甚至魏氏家族也会抛弃栾盈,阵前反水。

士匄毫不迟疑地采纳了乐王鲋的建议,当时晋平公正在办丧事,士匄穿上丧服,化妆成女人,让两个侍女抬着潜入宫中,随后他带着晋平公一起前往固宫。

与此同时,士鞅已经带人前往魏氏家族府上,他们赶到时,魏舒的军队已经列队完毕,登上战车,准备迎接栾盈。

士鞅见状,快速上前对魏舒说:"栾盈带领乱军已经杀入绛城。我父亲和朝中重臣都在国君那里。父亲特地派我来接您过去,士鞅不才,愿意作为骖乘陪着您。"

说完,士鞅便跳上车,他右手持剑,左手抓紧带子,以武力胁迫魏舒离开,就这样,魏舒被他带入固宫。士匄见魏舒前来,大喜过望,他为了安抚魏舒,许诺将栾氏家族在曲沃城的力量,全部交给他。

在士匄的威逼利诱下,魏舒只能阵前反水,放弃了栾盈。

---

❶ 晋悼公的别宫。

尽管栾盈失去了唯一的盟友，但是他与部下的攻势依然猛烈，众人一路厮杀，不久就杀到了宫门。

在这生死关头，士匄也急了，他对儿子士鞅说："如果叛军威胁到国君的安全，你必死无疑。"

士鞅也发了狠劲，他执剑带着步卒杀出来，拼死抵抗。栾盈与众人久攻不下，终于成了强弩之末，只能先撤退。

但是栾盈没有放弃，他并没有逃出晋国，而是率领叛军退守曲沃。士匄等人缓过一口气后，立刻调集晋军，包围了曲沃城。

同年秋，齐庄公趁晋国内乱，率军攻打卫国，之后又以卫国为跳板，继续西进攻打晋国，并占领了朝歌。随后，齐军兵分两路，一路通过孟门❶，另一路登上太行山，齐头并进杀入晋国腹地。

当时晋军主力正在围攻曲沃。齐军势如破竹，一直杀到晋国腹地的少水岸边❷，齐军堆积晋军的尸首以作京观，以报平阴之战的血海深仇。

齐庄公复仇后，便将栾盈作为弃子，弃之不顾，率军回国。栾盈据守的曲沃城孤立无援，最终失守，栾盈及亲族也被斩尽杀绝，唯有栾鲂一人幸免，逃往宋国。

《春秋》记载："晋人杀栾盈。"而没有用大夫称呼栾盈，是因为栾盈已经流亡在外，他是从国外回国发动的叛乱。

这一年，是公元前550年，曾经显赫一时的栾氏成为又一支灭亡的晋国氏族。

---

❶ 今河南省新乡市辉县附近。
❷ 少水即沁水，源自山西省长治市沁源县。

齐庄公因为报仇之事，很担心晋国报复，于是他积极联络楚国，希望可以与楚国联手对抗晋国。

公元前549年秋天，晋国从栾盈之乱中恢复过来，开始策划报仇。他们召集诸侯在夷仪会盟，商议出征伐齐，可惜那年发大水，没能成行。

数月后，公元前548年夏五月，齐庄公被崔杼弑杀。崔杼以齐庄公之死，向晋国求和，至此，栾盈之乱才算平息。